里親のためのペアレントトレーニング

武田 建／米沢普子［著］

ミネルヴァ書房

まえがき

本書は里親さんをはじめ子どもを育てることに関心をお持ちの方々のために書いた本です。

「公益社団法人家庭養護促進協会」は半世紀も前から、親と暮らせない子どもたちに里親を求める「愛の手運動」を続けている民間の児童福祉機関です。協会の活動で里親さんに迎えられた子どもたちは二三四六人（二〇一四年三月末現在）になります。里親さんたちはとまどい、悩みながらも子どもをいつくしみ、成長を楽しみながら子育てをしています。

子どもは可愛いですが、時には子育てが大きな負担に感じられることだってあると思います。幼い時には子どもは何もしないで、お母さんとお父さんに頼りっきりです。少し大きくなると、動き回って危ないし、だんだん手がかかるようになってきます。「もう、疲れた」「もう、嫌だ」と思う時だってあるでしょうね。

そんな時に、この本を開いて下さい。子どものことで困っている時、どうすればいいかという回答の糸口がこの本の中に沢山あります。緊張するとか、イライラしたら、リラックス法を試して下さい。きっと心と身体が楽になると思います。毎日、一〇分間、子どもとの遊びに集中して下さい。子どもさんが二人いたら、夫婦で一人ずつ担当したらどうでしょう。きっと大きな効果があったと思われるでしょう。そして、この本で紹介しているお約束表です。やれることとやれないことを組み合わせて活用してみましょう。どうして、こんなに子どもが変わったのかと驚くほどの効果があると思います。この本には誉め方だけでなく、叱り方も書いてあります。ぜひ、実践して下さい。

里親さんに限らず子育て中の親にとっても、この本が大きな励ましになり、刺激になり、子育ての道標になることを心から願っています。

二〇一四年一〇月

武田　建
米沢普子

里親のためのペアレントトレーニング　目次

まえがき

第1章　里親を必要とする子どもたち

1　親と一緒に暮らせない子どもたち

さまざまな状況の中で、子どもが親と一緒に暮らせなくなることはあります。私たちの国でもかつては戦争でたくさんの子どもが親を失い、保護が必要となり、今でいう児童養護施設が生まれました。災害もまたそうです。私たちの記憶に残る一九九五年一月一七日の阪神・淡路大震災、さらに二〇一一年三月一一日の東日本大震災では多くの子どもたちが親を失いました。戦争や震災でなくても病気や社会の状況の影響を受けて親子が短期あるいは長期にわたって一緒に暮らせなくなることは起こります。厚生労働省は五年ごとに調査をしていますが、それによると、里親、施設に入所しなければならない理由は次の通りです。

里親家庭で暮らしている子どもの場合、父親または母親の養育拒否が最も多く（一六・〇％）、次いで父親または母親の行方不明（一四・三％）、棄児も含めて虐待等（一〇・八％）が主な理由です。また、児童養護施設をみると、父親または母親の虐待等が最も多い理由（棄児も含めて一四・九％）で、次いで父親または母親の放任・怠惰（一三・八％）で、乳児院では父親または母親の精神疾患が最も多く（一九・一％）、次いで棄児も含めて虐待等（一〇・七％）でした。保護されるまでの虐待経験については児童養護施設入所児では五割を超え、里親で養育される子ども（里親委託児）の三割、乳児院入所児の三割の子どもが虐待を受けた経験があり、その六～七割がネグレクトと言われています（『児童養護施設入所児童等調査結果要点』平成二〇年二月一日現在）。

里親委託の場合、親の元に帰ることができないと予想されるケースが多く、これまでの里親委託は親とのかかわりが希薄で長期養育が多いのが特徴です。そして、親とのかかわりのない子どもにとって、「帰るところがない」「頼るところがない」ことから、一八歳（あるいは二〇歳）で、児童福祉法上の里親養育が終了しても、子どもが帰れる場所になってもらうことを期待して里親委託が進められてきていると考えられます。その期待に応えて、里親子間にできた相互の情緒的結びつきから、里親はある時には精神的、ある時には経済的援助をし、「実家」としての役割を果たしてきています。

子どもが元の家族の元に帰れるかそうでないかは、子どもにとっても重要なことです。まず児童福祉に携わる者は親子が共に暮らす手立てがないかを探り、親に提案することから始まります。もう一度子どもと一緒に暮らしたいという親の願いと努力に協力することは子どもの福祉にとっても大事なことです。里親委託の拡充を、この一〇年あまりをかけて行うというのが国の方針です。長期養育の子どもたちだけでなく、短期、あるいは期間の決まった養育を引き受け、親子の再統合をサポートする里親委託も今後増えてこなくてはなりません。里親養育のトライアングル、つまり里親、子ども、実親の三者の関係が、できるだけうまくいくように、子どもを中心に里親と実親と協力していくことが必要になります。里親委託の中でも難しいことですが、それはとても大切なことであり、今後さらに取り組みを強めていくことが望まれます。

もし、親が相談に来た時点で、あるいは、その後、養育の見通しがなくなってしまった、あるいは意志がない場合、養子縁組里親に養育を委ね、養育期間を経て養子縁組をすることになります。

2　離別や喪失体験をしている子どもたち

こうした子どもたちは、施設や里親家庭に来る前に頼って生きてきた大人と何度か離別し、喪失を体験しています。喪失は人だけでなく、慣れ親しんだ自分の身辺の品物、環境もその対象となります。幼い子どもの場合、それは身体で感じた不安感として残っている場合もあります。

里親は、新しい関係を作っていくことに希望や期待をもちながら、そういった経験から生じたであろう子どもの悲しみや不安、寂しさがあることを理解して、共に出発しなければなりません。新しい関係を作り上げる過程では、赤ちゃん返り、試しの行動がみられたりします。その点については後に具体的に触れますが、赤ちゃん返りを「お姉ちゃんのくせに」とか「いいかげんにしなさい」と否定したり、「赤ちゃんみたい」と茶化したりしてはいけません。子どもは必要があってそういった行動をするわけですから、里親がそうした行動を認め、受け入れなければ、子どもはそうした表現をあきらめてしまい、自分の気持ちを表さなくなります。自分の気持ちを表さなくなったということは、そうした表現が必要なくなったわけではありません。積み残してきた心の重荷となり、歪んだ形で表現したり、子どもの問題行動となって現れる可能性があります。

3　子どもがもつ家庭で育つ権利

すべての子どもは自己の家庭で健やかに育つ権利をもっています。もしそれを失った時には、里親、養子縁組、または必要な場合は適当な施設に、と「児童の権利条約」にも書かれています。社会は家庭に代わる環境を用意する責任があります。国籍、言語　発達　障害、病気にかかわらず、本来はすべての子どもにその権利があるのです。

家庭養護促進協会（以下、協会）の四〇周年の記念講演にアメリカ、ワシントン州のシアトルにいるドーン・イングリッシュさんという専門里親を招聘しました（一九九三年一回目、二〇〇三年二回目来日）。イングリッシュさんは緊急の一時預かりも含めて三〇〇〇人以上の子どもたちをこれまでに預かっています。驚くべき数です。一回目に来日した時にはＨＩＶに感染した子どもたちの養育に携わっていました。一〇年後、再度来日した時には重い病気や障害の子どもの養育に力を注いでいました。イングリッシュさんの所に来るまでに、ほとんどの子どもたちは病院生活を送っていました。治療器具の金属音が常に聞こえる中で、生きるためとはいえ、体に注射をするなど、子どもには苦痛が伴う治療ばかりが行われます。イングリッシュさんは、たとえ、子どもの人生が短かったとしても、人のやさしさやほほえみに包まれた人生を送ってほしいと願い一緒に暮らしていました。家庭に迎えた子どもは、当初、その思いを拒み触ろうともしないで、顔をそむけていたそうです。それどころかリングや鍵などの冷たい物を好んでいたそうです。イングリッシュさんは子どもたちに毎日何回も声をかけ、笑顔を見せました。そして、一緒に暮らしている他の子どもも同じようにベッドをのぞき込んで、おしゃべりをしてくれました。ごく少しずつですが、イングリッシュさんや子どもたちをじっとみつめるようになってきたのです。そして、ある日、イングリッシュさんがベッドに下ろそうとすると、抱っこをせがむように〝ママ〟と小さな声で呼んだのです。しかし、そうした親子のような触れ合いの時間はあまりにも短く、二歳あまりでイングリッシュさんの腕の中で終わりを迎えた子どももいました。

イングリッシュさんの講演を聞くと、アメリカの里親制度やそれにかかわる機関のプログラム、そして里親を支える多種多様な豊富なボランティアに支えられて、このようなかかわりができているのだと感じられました。そして何よりも、日本の里親制度のために一週間〜一〇日間も来日することを可能にした医療的ケアの必要な数人の子どもたちを預けられるレスパイト制度等の充実ぶりに驚きを覚えました。

あれから二〇年、私たちの周辺では、多様な環境の子どもたちを受け入れる里親養育の広がりはまだまだこれからといった感があります。しかし、ダウン症、病気、食物アレルギーで食物制限があるなど、個別のケアが必要な子どもたちが、里親という地域でのくらしの中で養育される機会が増えてきたことも確かです。制度の広がりには養育環境の充実と個別のニーズに応じられるサポート体制がどれだけ用意できるかにもかかっているともいえます。

4　子どもが新しい家庭で幸せになる方法

里親養育の場合は養子縁組とは異なり、家の跡継ぎにという願いを里親がもつことはまずありません。養子縁組を前提にした養育の場合には、跡継ぎを望んでいることが多いと一般的に考えられているようです。しかし、実際には約二〇年前の調査をみても、跡継ぎを希望して子どもを引き取ったという養父母はごくわずかでした。一九九八年には「養子を育てたい人のための講座」の受講者にアンケート調査をしていますが「養子縁組は子どもが新しい家庭で幸せになる方法」と答えた人が七割を占め、「家の跡継ぎのためのもの」と回答した人は約五％でした（表1-1）。「子どもの養子縁組は跡継ぎが優先される養子縁組ではなく、子どもの福祉のためにという観点から養子縁組を進めている」というメッセージを発信し続けていることが実りつつあるのかもしれません。

結果的に、跡を継ぐということはもちろんあるでしょう。かなり以前の話ですが、季節里親と交流をもっていた少年の里父の中に外国航路の船乗りをしてた人がいました。里父の仕事を距離をおいて

表1-1　養子縁組についての印象

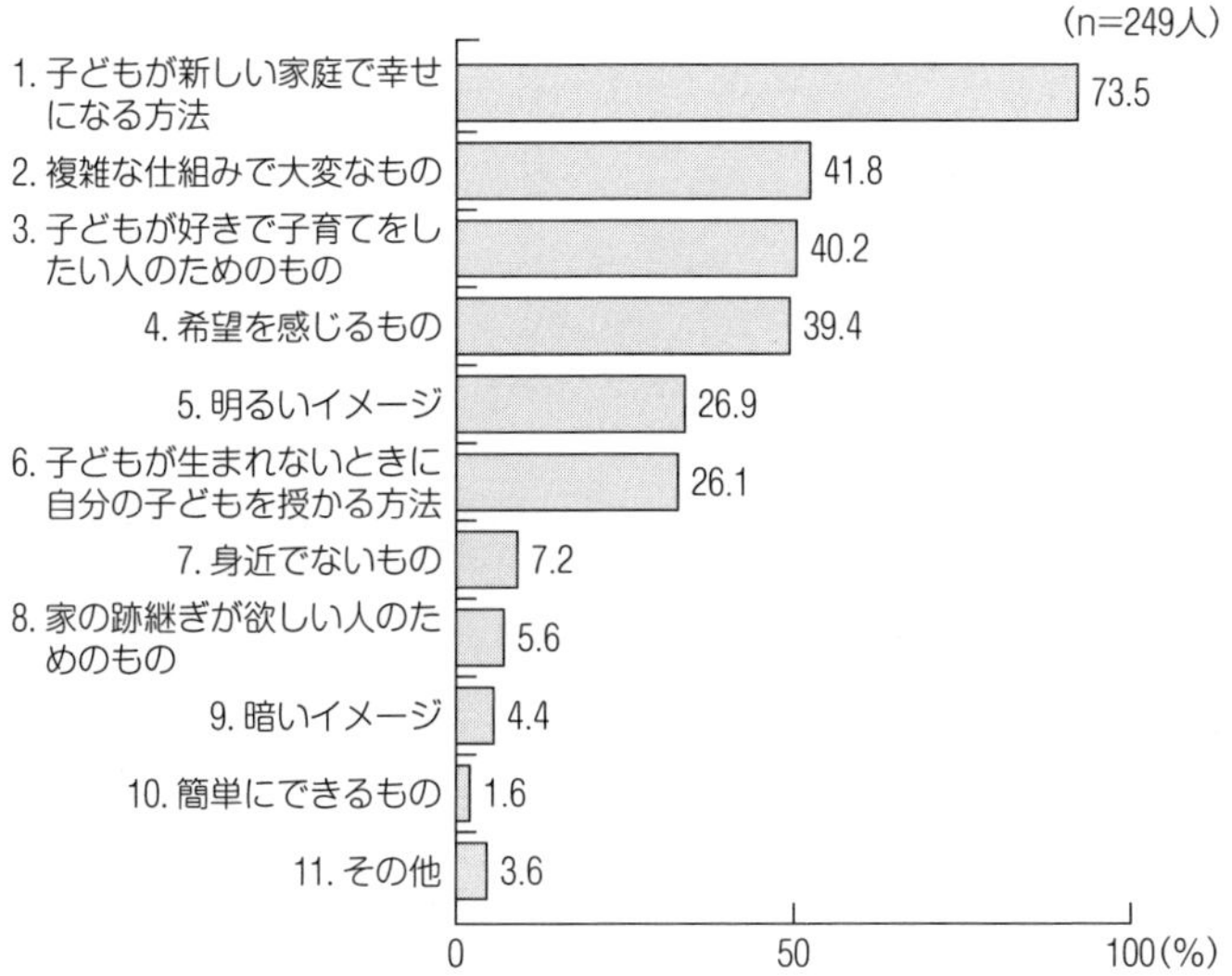

出所：「養親希望者に対する意識調査」1998年11月。

見ていたようですが、やがて里父のように船乗りになりたいと思うようになりました。里父はこの子の将来を考えたときに、果たして彼の仕事として、船乗りがいいのだろうかと心配でした。しかし、その子は自分の意志に基づいて進路を決定し、立派に船乗りの道を歩んだのでした。その季節里親とその子の場合、里父は子どもが自分と同じ仕事に就くことにはあまり賛成ではなかったのでしょう。

しかし、子どもはいつの間にか里親への親しみと愛着を感じ、さらには自分の職業の選択にも里親と同じ道をえらんだのです。里親が子どもに大きな影響を与えていることの証明のような話ではないでしょうか。しかし、親が自分のなしえなかったこと、あるいは子どもの時に好きなことができなかったので、もし機会があるならば、息子や娘に「自分の分まで」と夢を託し、無理強いすることなどは世間でもよくある話です。当事者にとっては気づきにくいことかもしれませんが、過剰な期待をかけすぎることもあります。養子縁組の場合は、大好きな親が自分に「こうあってほしい」「こんなになってほしい」という気持を抱いていることを子どもが感じていると、期待に応えようとします。しかし、時には息切れがしてしまったり、親からやらされていたと感じてしまい、怒りや不満を感じるようなことも予想されます。そんな時、子どもは親に反発を感じ、自分の失敗を相手のせいにして、なかなか現実的な方向転換もできなくなってしまうというようなことになれば、それは不幸なことです。

5　子どもとの出会いから一緒に暮らすまで

(1) 子どもとの出会い

里親に養育が委ねられる子どもは、保護者がいない、あるいは保護者が養育できない、それとも監護させるのが不適当なために、社会的な保護が必要で、親から離れ一時保護所や施設に入所している〇～一八歳（必要がある場合二〇歳まで）の子どもが対象です。そういった状況があり、親の同意も含めて家庭養育が望ましいと判断された場合に里親養育が検討されるのです。

家庭養護促進協会では、児童相談所より依頼を受けた段階で、子どもの年齢、養育期間、発育、発達の状況を考慮し、その子どもにどんな里親が望ましいかを考えながら里親と子どものマッチングを検討します。里親認定・登録を受けている里親に候補の子どもの紹介と養育の意向があるかどうかなどを確認するのです。兵庫県・神戸市や大阪府・市の場合は子どもの養育へのプロセスの一つに、里親さがし「愛の手運動」（コラム一〇頁参照）があります。里親の必要な子どもの紹介記事を連携している新聞に掲載しているので、そこから申し込むこともできます。

子どもの紹介を受け、養育の意向を示すと「なぜ、保護が必要になったかという事情」「予定される養育期間」「子どもの健康や発達」、子どもの発達に課題がある場合、どのような留意点があるかが里親に説明されます。里親は紹介された子どもの養育が可能かを自分たちでも検討し、その子どもを育てるかどうかという意向を協会に伝えます。特に、里親として養育経験が無い場合は不安もあるでしょうが、子どもを預かることに前向きな気持ちで考えることができているかどうかが、とても大切なポイントです。里親を希望する夫婦がその子どもの受け入れの意向を伝えると、子どもとの面会・交流をもった上で養育を始めることになります。

(2) 家庭に迎える子どもとの交流

まずは子どもとの面会です。子どもがまったく知らない環境にいきなり入っていくのではなく、まず交流し、お互いに相手を理解し、関係を深めることから始まります。これから自分の養育者となる里親に親しみを感じ、住むところ、年長児であれば学校を変わるという心の準備や自分のこれからの

コラム　愛の手運動とは

親の病気や離婚、家出、虐待などさまざまな事情で、親と暮らせない子どもたちは現在わが国で約三万七三〇〇人おり、その八五％は乳児院や児童養護施設で生活しています。そのような子どもたちを地域の一般の家庭で養育することをすすめていくのが里親制度です。

愛の手運動は一九六二年より神戸で、一九六四年より大阪で、新聞社、放送局、さらに多くの一般の方々の協力を得て始まりました。今、里親の必要な子どもを新聞、ラジオで紹介し、子どもたちに里親を求める運動です。これまでに二三〇〇人を超える子どもたちがこの運動を通して、里親・養親の家庭に受け入れられ、そこで育っています。

愛の手運動の推進母体は「公益社団法人　家庭養護促進協会」で、兵庫県、大阪府下を中心に活動を続けています。

あなたの愛の手を　2173回

小学1年生になったひろゆき君。片道40分の道のりを登下校する。すっかり日に焼けてたくましくなった。

この日は、プール清掃で捕まえたというトンボの幼虫、ヤゴの入ったペットボトルを見せてくれた。「11匹はおるで。どんな種類のトンボになるかは分からないよ」。目の前でかざしては大切そうに何度も数える。とにかく虫が大好き。

ひろゆき君にとって目の前の田んぼの用水路は宝箱だ。メダカ、オタマジャクシ、カエルもいる。捕まえる名人なので、幼い友だちにも人気がある。

「興味のあるものへの集中力はぴかいち」と保育士は話す。虫の図鑑は時間を忘れて読みふけっているし、生き物の観察は微に入り細に入り。才能豊かな絵で見事に再現する。

苦手な豆とトウモロコシの話になると、途端に表情が険しくなって「今日の給食も覚えているけど、教えないよ」だって。ふくれた顔もハンサムでかわいい。120チセン、21キロ。

ひろゆき君　6歳男児

近くの田んぼで釣ったザリガニ。伸び伸びと一気に描き上げた

今後も家庭への引き取りは難しく、養子縁組前提で温かく見守ってくれる養育里親を待っている。

【寄託】白浜万秩子（5千円）、匿名（2万円）、（株）富士山トレーディング（1万円）、匿名（3千円）＝敬称略

申し込み　月曜～金曜の午前9時～午後5時、下記の電話番号で受け付け。里親には養育・教育費の一部が支給されます。ラジオ関西は毎週日曜日の午前6時から「里親さがしの時間」を放送しています。

＝月曜掲載＝

事務局から

家庭養護促進協会から「ケースワーカーと学ぶ里親養育の基礎知識」という冊子を、共同募金配分金をいただいて出版しました。

里親として子どもを養育したいと考えている人や、里親制度に関心のある人が、ガイドブックとして利用できるように、分かりやすく編集しました。里親を希望する人が協会を訪れ、さまざまな質問をし、ケースワーカーが答える形で、制度や里親養育について理解できるようになっています。１冊700円。お求めは協会へ。　（H）

家庭養護促進協会
〒650―0016
神戸市中央区橘通３の４の１
神戸市総合福祉センター２階
☎078・341・5046
http://www5f.biglobe.ne.jp/~ainote

出所：「神戸新聞」2014年６月２日付朝刊。

道を自分で選び決定していく自己決定を尊重するためにも、新しい家庭との交流が大切になってきます。

乳児の場合は別にして、それぞれの子どもの状況や受け入れる里親側の状況にもよりますが、その交流はおおよそ一～三カ月を見込んでおく必要があるでしょう。学童（等）のように年長児の場合ですと、交流する時間が学校のない休日などに限られますから、もっと長い期間を要することもあります。

子どもを引き取る前に交流するのは二つの目的があるからです。一つ目は里親がその子どもを知ることと信頼関係を作ることであり、二つ目は子どもがこれまでに馴じんで暮らしていた環境を離れることを受け入れるためです。

（3）子どもとの暮らしの始まり

子どもとの交流を通して一緒に暮らしていける見通しが立てば、いよいよ家庭へ引き取り、一緒に暮らします。里親や養親を希望される人は自分のサポート体制をもう一度見直していきましょう。そのために、自分の身近にどのようなサポートがあり、どんな心構えがあれば安心かということを次に挙げてみました。

〈サポート体制〉
◇子どもの養育のことで気軽に相談できる人はいますか？　それは誰ですか？
◇当面の子育てに役に立つ、育児書は手元にありますか？
◇かかりつけの小児科は見つかっていますか？
◇少しの時間だったら子どもをみてくれたり、応援してくれる人がいますか？
〈必要な心構え〉
◇家事をちょっとばかり手抜きをすることができますか？　また、家事の援助をしてくれる人がいますか？（あなたの気持ちに手抜きをすることに、「そんなことはしてはいけない」といった罪の意識はないですか）
◇自分のストレスをため込まない方法を心得ていますか？（小さな楽しみにしあわせを見出しましょう）
◇時に〝のんきに〟〝気長に〟構えることができますか？

もし、個人のサポート体制がない場合は、地域の子育て支援などの利用がどれぐらい可能か調べて下さい。特に幼稚園入園前の年齢の子どもの場合、家庭のほかにも子どもの遊び場や子どもと過ごせる環境をうまく利用できないかを考えてみる必要があります。

里親にはその養育がうまくいくようにとの配慮から、里親支援がいくつかあります。制度の上でかかわっている児童相談所等は相談窓口であり、家庭訪問を受けることもできます。また、個別の面接や相談も可能です。レスパイト制度もあります。レスパイトとは休息という意味です。これは、里親が子どもの育児に疲れて、一時休息が必要な時や、また、どうしても子どもを連れて行けないような状況が生じた時に、他の里親家庭や施設に預かってもらうことができる制度で、里親には費用負担がなく公的な費用でまかなわれます。

里親養育でも、地域のサポートは他の保護者と同じように利用できますし、幼稚園ももちろん利用が可能ですし、保育が必要になった場合、子どもの最善の利益を考慮して保育所の利用も可能です。協会も里親からの相談を受け、家庭訪問支援等も行っています。また、里親同志の相互交流の場である「里親サロン」や里親家庭のためのキャンプ・つどいの開催、養育に役立つ研修等の実施をしています。

6　季節・週末里親に支えられて

(1)　家庭生活を経験することが第一の目標

乳児院や児童養護施設で生活する子どもたちの状況を、ここで触れておきましょう。児童養護施設で生活する子どものうち約半数は自分の親元などに帰省することができるようです。頻度は毎月一回程度から年一〜二回程度まで、それぞれの状況に応じて異なります。しかし、「交流がない」とか

「電話や手紙だけの交流」といった約二五％の子どもたちは、親の顔を見ることがなく施設で暮らしています。里親委託をすることへの親の同意がないために里親にも養育が委ねられない状況にある子どももいます。

子どもたちは一八歳あるいは二〇歳という年齢になると社会に出て、自分の力で生活の場を作っていかなければなりません。いつかは結婚し、家庭をもつでしょう。その場合に、自分が育った家庭や身近な家庭をモデルにして自分たちの新しい生活を築いていくと思います。そうしたモデルを作るための経験をするための支援として季節・週末里親という制度があります。季節・週末里親のもう一つのとても大切な役割は里親との交流を通して、施設の職員以外に、自分だけを可愛がってくれたり心配してくれる特定の大人が存在していることを感じ、安心感を抱くことや、心のより所ができることなどです。

(2)「家に帰る」

児童養護施設で暮らすT君は小学四年生の時に状況が整いやっと週末里親との交流がもてるようになりました。初めて週末里親の家に行くのに、目的地まで切符を買って、電車に乗って、里親が玄関を開けると、「ただいま」と言って入っていったそうです。四日間過ごして施設に帰ったT君からお礼の手紙が届きました。「家に帰らせてくれてありがとう」と書かれていました。彼は「家に帰るねん」とうれしそうに施設を出て行く仲間を、これまで何度も何度も見送ってきていました。T君からもらった手紙からその心情を垣間見た時でした。「だから玄関での『ただいま』になったんだ」と週末里親は思えたそうです。それから一〇年の交流が続き、この春、就職して寮生活になる彼と三人で思い出旅行にも行きました。いまでは、週末里親宅は彼にとって「実家」と同じような場になっています。ひとり立ちができるように、週末里親は気持ちで応援してくれています。

週末里親は毎月の一〜二回の週末に児童養護施設の子どもたちを家庭に迎えてもらい、生活を共にし、その子の人生の支えになってくれています。

季節里親は夏・冬休みを中心に四日〜一週間程度、子どもと一緒に過ごします。それぐらいの日数で何ができるのかという疑問を持たれる人もいると思います。しかし、継続することで子どもたちの安心は得られます。思っているよりも子どもは楽しみ、季節・週末里親とのかかわりあいの意味は大きいようです。それにはそういった里親を紹介している私たちでさえ驚かされることがあります。

T君の週末里親が長く続けることができたのは、いきなりできたわけではありませんが、自分の生活スタイルを大きく変えるといった無理をしないで、自分なりのペースを作っていけたことが大きかったのではないでしょうか。

(3)　自分たちの両親にしてもらったことを誰かに返したい

都会よりもゆっくりと時間が過ぎていくように感じる田園風景が広がる地域です。そこに住むHさんは親が亡くなってこれからどのように生きていったらいいのかと考えていました。悲しみにくれているのでなく、自分たちの両親にしてもらったことを誰かに返すという自分の役割に気がつき、それが「自分らしく生きることかなあ」と思い始め、季節里親を始めました。Hさん夫妻は、幼稚園と二年生の兄弟を預かるようになりました。「家に来てくれた時は全力で子どもたちと遊ぼう、もしかしたら、次はもう来てくれないかもしれないと思って接していました」と当時を振り返って語っています。子どもたちは真剣になって里親のお父さんとよくトランプをしたのですが、「ばば抜き」をする時には、二人は力を合わせて、ジョーカーをお父さんのところへ必ず持ってきたというエピソードを里親は話してくれました。そんなところにも兄弟の絆を感じると言います。

施設に帰った後は、「うれしかったよ」と里親は手紙を書き、写真を送るようにしています。施設の保育士に、里親の家に行った時に写した写真を枕元において寝ているらしいという話も聞いたことがあります。里親の家のリビングには子どもたちの成長ぶりがわかるように写真を貼っていっています。兄弟は「小さい時どうだったん?」「帰るとき泣いたんだよね」などと写真を見て、何度も、何度も里親に聞いて確かめているそうです。ある時、次のような会話があったそうです。

兄弟の兄「お母さん、ぎゃくたいってなに?」と尋ねました。
里親（お母さん）「一番したらだめなこと……」。
兄「ボク、ぎゃくたいされてたんや」「僕、本当はカレーがきらいなんだ」。
里親「え、もっと早く教えてくれればよかったのに」。

もう何度か、食事の時にカレーを出していたので、びっくりしたそうです。彼は手を横に振って「お母さんのカレーは違うんだ」と言った後で、彼が施設に来る前のエピソードを断片的に語り始めました。カレーのお皿にゲロはいて、その時に義母に叱られ、「食べなさい」と顔をカレー皿に押しつけられたことがあったこと、「ここに来る時、こわいおばちゃんだったらどうしよう」と思っていたことなどを話したというのです。

施設から子どもたちが通う学校の運動会には里親はお弁当を作ってもって行くのを楽しみにしています。好き嫌いの多い兄は「たくあんとうめぼし、そしてお母さんの作った栗きんとんが食べたい」とリクエストしたそうです。H夫妻は兄弟に「私たちは、いつでもここで待っているからね」というメッセージを送っています。「あなたたちの赤ちゃんの時、抱っこできなかったから二人の赤ちゃんが生まれたら抱っこさせてよ」と里親が言うと「う～ん！」と子どもたち。「出会いの運命を感じているので、できる限り見守りたいと」とHさん。

お兄ちゃんは、お泊まりの時に、いつも寄るスーパーでの買い物の時にはさっと手を出して袋をもってくれるなど、今では他者を思いやる心をもつまで成長してきています。この季節里親の語りを聞いていると、養育里親の体験を聞いているように思えました。季節里親として一緒に過ごす短い期間に経験した凝縮した交流によって、子どもたちは「自分をいつも支えてくれる人がいる」という実感をもっています。それは、親から離れて暮らす子どもたちが困難を乗り越えて生きる力になる一つだといえます。

7　出会いの大切さ

K子さんは小学校一年生の時に里親との出会いがありました。父親が再婚することになったので、父親の家庭に引き取られていましたが、K子さんにとって安心できる居場所だったのはわずかでした。すべての事情を理解して、里親との暮らしが始まりましたが、たまに異母弟と父親たちはどうしているのだろうという思いが頭をかすめたことがありました。そのK子さんは「父親が私を手放してくれ、里親があの『愛の手運動』の小さな記事を見て、私を家庭に引き取りたいと言ってくれたから、今の私が存在する」とよく言っています。K子さんは社会人となり、よきパートナーを得て結婚し、仕事と子育てに頑張っています。

神戸新聞の里親さがし「愛の手運動」の記事は縦二〇cm×横一三cmの大きさの紙面です（コラム10頁参照）。里親として子どもを迎えたいということでよく目を通している人、子どもの幸せを願い関心をもって読んでいる人、小さな記事から、里親はできないけれど、何か役に立ちたいと思ってみている人などさまざまです。いろんな立場の人に読まれることが大切です。この紙面には〝この子の里親になってください〟と里親を求めることと、里親制度の理解と啓発という二つの役目があるからです。

また里親の募集や啓発で重要な役割を果たすのは、里親自身でもあります。五月の母の日が近くなったある日、一通のメールが協会の事務所に届きました。「僕たちきょうだいに素敵な出会いをありがとうございました。生涯心から消えることはない思いとして残ることでしょう。本当にありがとうございました」。きょうだいの里母は一年前に亡くなってしまいました。病床では里親宅を巣立っていった何人もの子どもたちや〝里孫〟に励ましや介護を受けていました。きょうだいの里親は病床にありながら、訪問看護師に子どもたちのことをよく語っていたのです。里親が亡くなった後に、心を動かされた訪問看護師の一人が、子どもにかかわってくれるようになりました。ちょうどその時、医療的知識のある人にケアをしてもらいたいという子どもがいましたので、その子の週末里親として支えてもらうことになりました。ある里親の働きが、ほかの人に語られ、影響を与え、新しい里親が誕生したのです。実際の里親さんのお話はほかの人にとても大きな影響を与え、その人の後押しをするきっかけとなるようです。

子どもたちが里親との出会いを経験できるようになるには、その子どもたちを受け入れることができるたくさんの里親が必要です。子どものもつニーズはいろいろあり年齢の幅も広いため、養育期間も短期や期間が限定されることもあるし、永続的な関係ができる養子縁組をする場合もあります。そして障害や発達上の課題がある場合も含めさまざまな状況の子どもに、育ちの場である里親家庭を提供していく必要があります。国の政策誘導はもちろんのこと、公私的な里親開拓にかかわる機関は常に里親を募ることを心がけておく必要があります。

第2章　里親になるということ

1　里親はどんな人

(1)　子どもには家庭が必要

皆さんは里親ということに関心をもち始める前、いや現在までに、身近に里親をしている人を知っていましたか？　もし、「知っている」という人がいたら、関係者にとってはうれしいことです。現在全国で四六〇〇人あまりの人が、それぞれの地域で里親として子どもの養育に励んでいますが、里親になっている人に「身近に里親がいましたか？」と質問したところ、「いた」と回答した人は三割弱でした。里親が子どもを育てている姿を第三者が知り得る機会が少なく、里親に対して「奇特な人」とか「えらいなあ」といった印象を周囲の人が抱きがちのようです。でも当然のことながら、当の里親はそう言われることはあまり快く思っていないようです。ですから、実際の姿に触れてもらうことや、経験談を聞いてもらうことは本当にとても大事なことだと思います。

表2-1　各国の要保護児童に占める里親委託児童の割合（2010年前後の状況）

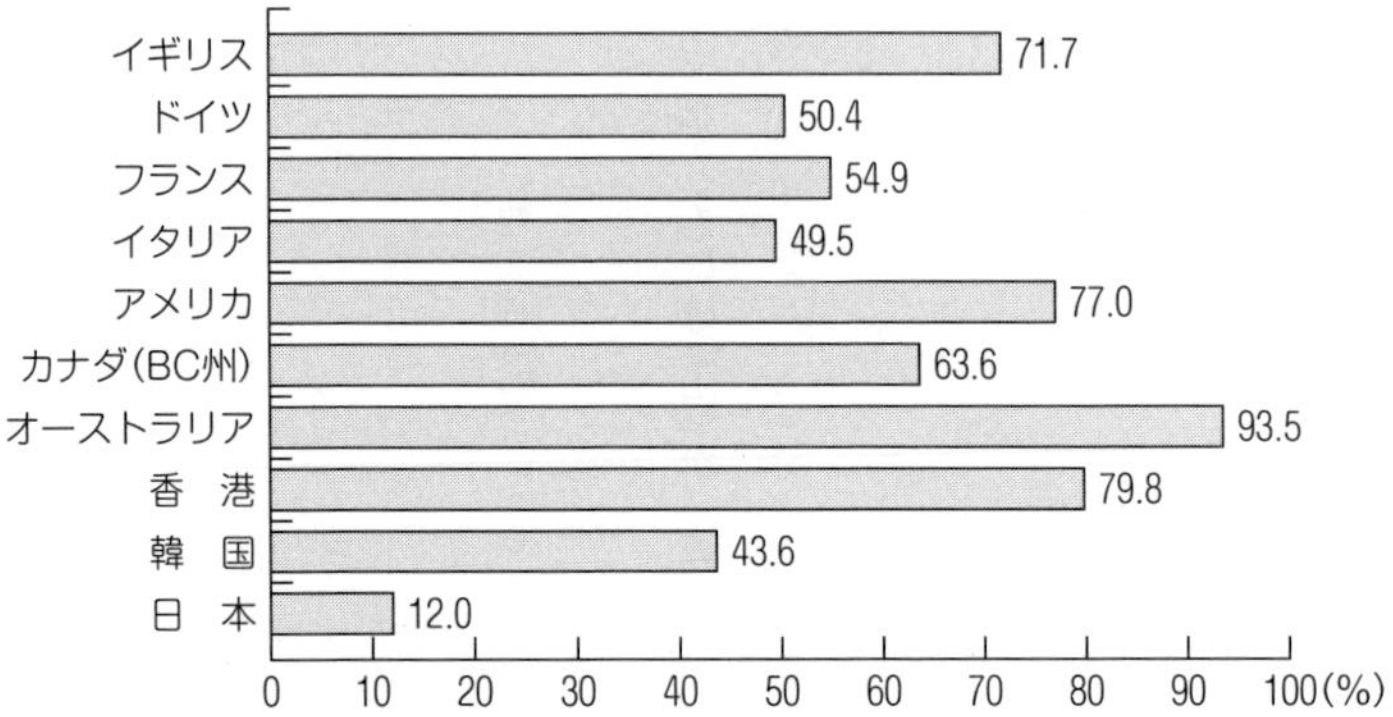

注：(1)日本の里親等委託率12.0％は，2011年３月末。
　(2)里親の概念は諸外国によって異なる。
出所：「家庭外ケア児童数及び里親委託率等の国際比較研究」主任研究者　開原久代（東京成徳大学子ども学部）（平成23年度厚生労働科学研究「社会的養護における児童の特性別標準的ケアパッケージ（被虐待児を養育する里親家庭の民間の治療支援機関の研究）」）を一部修正。

どんなことが里親になるキッカケになっているかというと、「児童福祉への理解から」が三割弱、「子どもを育てたいから」が三割、「養子を育てたい」が二割ぐらいでした。里親の年齢は四〇～五〇代で七割を占めています。家庭養護促進協会（以下、協会）の神戸事務所に申し込む人の場合でも、ほぼ同様の割合ですが、実子のいない人が七～八割を占め、その多くの人は不妊治療を経験しています。やはり四〇代から上の年齢の人が多いです。夫婦二人で結構楽しい人生を送っているのですが、何か物足りないという気持ちがあり、それが子育てであったと気づいたのだそうです。

日本では、里親、養親になる人はどちらかというと、自分の子どもがいない夫婦が多いですが、里親制度が進んでいる欧米では日本よりも実子や養子のいる人が、子どもには家庭が必要と、さらなる子育てを望んで子どもを迎えています（表2-1参照）。もちろん私たちの身近でも、自分の子どもたちが成長した、あるいは少し親の手が楽になったことで、さらに子育てを望んでいる人が里親全体のうち三割程度はいるのではないでしょうか。こうした人たちは自分の家族が増えることを喜び、何か子どもの役に立ちたいと望んで里親になることを希望し、第二の子育てをしている感じなのでしょう。子育ての経験があるということは次の子育てに役に立つことは多いですが、里親になるにはそれだけで十分だというわけではありません。また、子育ての経験のない人は、「子育てとはこんなものなのだ」と比較する対象もないままに受け入れている人が結果的には多いようです。どちらにしても、子どもを養育するにはそれなりの準備が必要です。

里親の中には「家庭で生活できない子どもには親に代わって育ててくれる家庭があった方がよい」と思っている人が多く、「子育ての苦労も含め、育てる楽しみと、子どもを育てることによって自分も成長する」と考える人も多いといえます。過去の調査では、里親は「世話好きで、面倒見のいい親をもっていた」人たちが多いという結果が出たこともあります。

(2) 灯火を絶やさずに

大学時代の福祉の授業で、児童養護施設や里親制度を学ぶ機会があったTさん。授業の中で、子どもにとっての家庭の大切さも学びました。その授業の最後に「皆さんもチャンスがあれば、ぜひ里親

コラム　里親になるには

里親になるには、居住地の児童相談所にある相談窓口で申し込む必要があります。兵庫県・神戸市、大阪府・大阪市では公益社団法人家庭養護促進協会でも相談・受付をしています。里親には次の四種類あります。

養育里親：一定の期間、または一八歳（必要と認められれば二〇歳）まで子どもを養育する里親

養子里親：養子縁組をして養親となることを希望して養育する里親

専門里親：虐待を受けたり、非行などの問題があったり、障害があるなど、特に支援が必要な子どもを養育する里親

親族里親：親の死亡や行方不明などの理由により、親族が養育する里親

特別な資格は必要ありませんが、いくつかの要件があります。

① 児童の養育についての理解及び熱意並びに児童に対する豊かな愛情を有していること
② 研修を修了していること
③ 経済的に困窮していないこと
④ 養育里親希望者および同居人が欠格事由に該当しないこと

の四つの要件があります。また、欠格事由とは、

①　里親を希望するものが成年被後見人、被保佐人の場合（同居人を除く）

②　禁固以上の刑に処せられ、その執行を終わり、または執行を受けることがなくなるまでの者

③　児童福祉法及び「児童買春、児童ポルノに係る行為等の処罰及び児童の保護などに関する法律」、その他国民の福祉に関する法律の規定によって罰金の刑に処せられ、その執行を終わり、または執行を受けることがなくなるまでの者

④　「児童虐待の防止等に関する法律」第二条に規定する児童虐待または「児童福祉法」第三三条の一〇に規定する被措置児童等虐待を行った者その他児童の養育に関して著しく不適切な行為をした者

ボランティアの里親には、次の二つがあります。

季節里親：児童福祉施設等で生活する子どもたちで家庭に帰省をすることができない場合に夏・冬休みの一週間前後、家庭に迎える里親

週末里親：月に一～二回程度、週末に子どもたちを家庭に迎え共に生活をする里親

になって下さい」と先生は学生に語りかけたそうです。子どもが好きで、幼稚園の先生になりたいと願い進路を選んでいたTさん、仕事としては幼児教育に携わることになった時も、先生のメッセージはずっと心の中にもち続けていました。さらに、仕事でなく自分の家庭を子どもに提供することができることを学び、結婚前に制度や自身の思いを交際相手とよく話をしていたようです。

Tさんは結婚し、子育てをしながらもその言葉を忘れることはありませんでした。一番下の娘さんの育児から少し手が離れた頃、夫が「そろそろ考えようか」と里親のことを切り出してくれました。そして、「まだ子どもが小さいので、季節里親から始めたい」と、私たちの事務所に来ました。それから夏、冬の休みを中心に年三回程度、同じ子どもを児童養護施設から家庭に迎えています。子どもは親族と細いパイプでつながっていますので、そこは大切にし、交流をしています。季節里親を始めて一〇年あまりが経った時、子どもたちは好きなことを見つけしっかり成長をしてきたと感じ、養育里親に取り組むことになりました。大学の時の先生が灯してくれた火を消さずにもち続けた結果、子どもとの出会いをもつことができました。

一人の学生にそういった火を灯せる先生の存在に深い敬意を覚えます。先頃、どんな先生だったのかもう一度聞きたいと思い、そのことをTさんに尋ねてみました。Tさんは「そのことを覚えていて下さったんですね」と、授業だけでなく、人柄もすばらしく、親から離れて暮らす子どもたちへの幸せを願う気持に共感を受けたのは、Tさんだけでなかったそうです。

2　里親になろうと決心するまでの悩み・不安・期待

里親養育に関心をもった場合、まず自分自身で気持ちを暖め、夫婦で情報を共有し行動するきっかけにしているということもあります。申し込みや問い合わせの窓口がどこかわからないことがあるという声も聞かれます。現在はホームページやブログ、フェイスブックというツールもありますので便利になりました。

アメリカのソーシャルワーカーの話ですが、一般的に何か始めたいといって行動を起こすには三～六カ月じっくり考えてから取りかかりはじめるそうです。この間に実際的な情報が当事者に届くようなシステムの構築はとても有効だといえます。協会では「養子を育てたい人のための講座」を一般に向けて開催していますし、里親認定のための研修であっても、それに参加することで、親を求めている子どもの現状や養子・里親制度について情報を得て検討するチャンスにしてもらえます。

養育の申し込みの際などに、「実際にはうまくいっているのだろうか」「手続きは難しいのでは」と、知らないがゆえに漠然とした不安を抱くことがあるようです。「自分たちの両親にどのように理解してもらうか」「近隣にどのように紹介するか」「うまく育てられるか」等の不安がよく挙げられます。反対に、期待するところとして、「子どもと共にいい人生が送れそう」「にぎやかな生活を望んでいたので」が挙げられます。具体的な情報や里親、養親の体験を聞くことで、かなりの不安が取り除かれ、背中を押されたと感じる人が多いです。

一歩前に進んだ感じの人は、次に具体的な疑問、真実告知、子どもの実親のことなどを考えるようです。前述の講座では養子を育てている養親にゲストスピーカーとして養育体験を語ってもらっていますが、受講者にはいろいろなプラスの影響があります。もう一つは同じ立場の人が自分たちの予想より多く参加しているのに驚くとともに、仲間と出会えたことへの喜びも抱くようです。時には「失敗談を聞きたい」「デメリットやリスクを知りたい」という希望もあります。

ある夫婦がこう言いました。「私たちが結婚し、夫婦それぞれが働きながら家庭を築いてきましたが、子育てすることが結婚して初めての夫婦共同作業という感じで、大変ということはわかるのですが、ワクワクする気持なんです」と養子養育をスタートするにあたって、大変さ、苦労があると言いながらも、楽しみを抱くということは里親や養親となるには大切な要素です。

3 夫婦や家族の意見の一致

里親として「子どもを育てたい」と考える夫婦の場合、妻または夫のどちらが先に言い出すかはさまざまです。その話を聞かされた妻または夫の反応は「考えたこともない」「そんなこと考えたこともないけれど、いい考えだね」「実は前から自分も考えていた。是非取り組もう」などさまざまです。実際に取り組むには、「協力する」というのでなく、主体的に取り組むことが必要です。里親になることをそれぞれ「自分が決めた」という意思を自覚して取り組むことが、養育上の困難を解決していく力になります。

以前ですが、夫婦がそろって養子養育の申し込みに来て、夫がその熱意をよく表現していました。妻は自分の気持をほとんど話すことがありませんでしたが、さりとて反対の様子も示しません。次の来所の時も同様の様子だったので、夫妻それぞれの考えを聞きたいと思い、妻だけと話をする機会をいただきました。「気持や考えを表現されていないので、何か考えておられることがあるかと思うので、お話ししていただけますか」と切り出しました。彼女は子ども好きだし、里親になりたくないというものではないが、もう少し考える時間がほしいと思っている」ということを言葉にしました。夫も交えてその話を切り出してよいか尋ねたところ、「お願いします」ということで、話し合い、結果、大事なことなので、夫婦が同じ気持ちになった時に、改めて申し込みを受け付けるということになりました。それから二年後、夫婦はそろって申し込みに来ました。その時の妻の顔は今まで見たことのない明るさを漂わせていました。それからしばらくして、三歳の子どもを引き取りました。もうすぐ大きな手術を必要とする子どもでした。妻は「これから養子として迎える子どもです。親になる私たちが手術の時、そばについてやりたいと思います。子どもと一緒に試練を乗り越えたいのです」と迷いもなく言葉にし、子どもを迎えていきました。自分で決断することがこういったエネルギーを作り出す要素を持っていることをしみじみ感じた一コマでした。

4　親族にはどのように対応するか

夫婦の話し合いがまとまると、次は親やきょうだいにその気持ちを話すことが多いのですが、それまでに親の方から「里親や養子の子育てもあるよ」と何かのきっかけに話題にしてくれていると、自分たちの考えや気持ちを伝えやすいと思います。時には、「反対されたらどうしよう」と心配し、自分たちの親から了解をとることに、敷居が高いと感じている人がいます。

また、最近は息子夫婦や娘夫婦のライフプランを尊重し、入り込まないという考え方が増えていますので、親に切り出すタイミングが難しいのかもしれません。申し込みに来所した時に聞いてみると、「まだ話をしていません」という人は結構いますが、夫婦の里親、養子養育に結果的に「賛成するよ」、孫として、孫と同じように「可愛がるよ」「応援するよ」という言葉を聞き、うれしく思い、胸をなで下ろすという場面もみられます。反対され、夫婦としてどう対応したらいいのかわからなくなったり、賛成が得られない場合は里親をあきらめるかどうか判断する必要があります。ある里親希望者は両親が不安を示し、それに答える知識がなかったので、研修を受けながら自分たちの理解したことを両親と分かち合い、理解と応援を取り付けた人もいます。

同居の家族の反対がある場合は、その家庭に子どもを迎えるのは非常に難しいですが、別居の家族の反対については、対応の仕方もあると思います。とにかく、子どもが自分は受け入れられていないという肩身の狭い思いだけはさせない環境を準備しておくことが望まれます。

5　子どもがいる家庭での受け入れ

里親や養子縁組によって新たに子どもを迎えるには、いくつかの点について検討しておく必要があります。まず、すでにいる子どもの親への愛着の形成が十分できているかどうかです。また、自分が両親や家族にしっかり受け入れられていると感じとり、その子なりに妹や弟が来ることを理解していることも大切です。これは子ども自身が決め、その責任を子どもが負うということではありません。

里親経験があるとか、ファミリーホームのように複数の子どもがいる場合は別にして、新たに里親が迎える子どもについては、実子や先にいる養子や里子よりも年齢が下の方が適応しやすいと考えられます。その家庭の年長の子どもがお兄ちゃん、お姉ちゃんとして家庭のルール、雰囲気などをふまえて導いてくれれば、新しく迎えられる子どもは家族の輪の中に入っていきやすくなります。

里親、養親になる人の中には自分の子どもがいない夫婦の割合がかなり高いことは先に述べました。里親・養子制度の進んだ欧米では実子や養子のいる人が、日本よりもさらに子どもを引き取っているということを見聞きします。

無論、日本でも、自分の子どもが成長し、あるいは少し手が離れて楽になったので、さらに里親養育を望んで申し込むケースがみられます。「家族が増えることを望んで」、「実子が成長したので」、「何か子どもの役に立ちたい」という気持ちになり、第二の子育てをするといった感じともいえるでしょう。

また、他人すなわち家族以外の人を受け入れる下地ができているかどうかということが問われるように感じます。一時でも家庭の中に誰かが入ってくると、家族のあり方を変更することを余儀なくされます。他人を受け入れる開かれた心を養えているかどうか、家庭に他人を受け入れる経験が豊富か、開放性があるかといったことが備わっていれば、新しい親子関係を作り直すことに抵抗感は少なくてすみます。そして、親が先にいる子どもに今までと変わらない愛情を表現することが望まれます。

コラム　絵本『おとうとがやってきた』

ドーラの家に養子のサーシャがやってきました。ドーラはうれしくて大張り切りです。だけど、サーシャはドーラのじゃまばかり。ママもあそんでくれなくなって……。ドーラは思わず「もうっ、あんたなんかだいきらい！」

けれど、サーシャのいない時間を過ごしてみると、ドーラの頭の中はサーシャのことでいっぱい」「来てくれてうれしいよ」とドーラは思うのでした。

ある時、この絵本を二人目を迎える里親さんに紹介し、「まず、親が読んでよかったら上の子どもにも見せて欲しい」とお願いしました。

そうすると、その絵本を読んだ子どもはこれから先の自分の姿を見出したのですが、その後の展開は意外でした。「私がこの家に来た時、どんないたずらをした？」「そうね、いろいろあったよね、もっと、すごかったよ」と記憶にあるいたずら、困らせたことを話すと、ニコニコして聞いていたらしく、自分の記憶にない親子になった時のことを何度も、何度も里親にたずね、自分の存在を確かめていたように里親は感じとったようです。この絵本には、そういった力があります。

第3章　家庭への道——成長の中途からの養育の難しさ

1　安心できる居場所

里親が子どもを迎えて、まず、「ここが○○ちゃんの家だよ」、遊び道具を示して「○○ちゃんのおもちゃだよ」と語りかけ、新しい家庭に少しでも所属感を抱いたり、安心して過ごせるように里親は試みます。はじめのうち子どもはお母さん（里親）の顔の見える範囲でしか動けないものです。たとえ、乳児であっても環境の変化を感じとっているので、その赤ちゃんに顔みせ、声かけすることで、子どもは安心します。家が子どもにとって安心できる居場所になるようにすることが、一番大切です。特別なことでなく、当たり前の生活の保障です。安心して寝る、遊ぶ、美味しく、楽しく食べるといったことが保障されていると実感できることが重要なのです。

里親からすれば、乳児院や児童養護施設で、友達に囲まれていたので、寂しくなるのではないかと考えてしまうこともあるようですが、すぐにお友達を作るよりも、頼りにしているお母さんかお父さんがいつも側にいてくれるということが安心を与えてくれるのです。子どもは少しずつ安心できる場所を広げていきます。そして、子ども同志の時間が必要となってくるのは、その後です。

2 子どもは個性をもって里親のもとにやってくる

里親が迎える子どもたちは、一人ひとりがその子ども特有の個性を持っています。親が養育できなくなって、保護された時、それまでの環境がどのようであったかをすべて明らかにすることは難しいことなのですが、里親が迎える子どもは個性やそれまでに獲得したふるまいをもってやってきます。里親が、「子どもとはこんなもの」「普通だったら」といった先入観で考えるのではなく、自分とは、あるいは予想していたのとは異なったふるまいをするだろうということを前もって理解しておく必要があると思います。控えめで落ち着いて、どちらかというと社交的ではない家庭に迎えられた少年はとても社交的で、里親との交流中に試しのお泊まりに行っていましたが、その地域で友達ができたほどです。その点を里親は「私たちにはない性格」と、戸惑いながらも楽しんでいます。子どもの言動が必ずしも自分たちの言動と同じではないことも前もって心に留め、そこから双方が歩み寄っていくことで理解や方向性がみえてくると考えられます。

一般に問題行動とは、自分が傷つかないように守る方法として子どもが身につけたものかもしれません。子どもなりに考えたその場を乗り越えるための行動なのでしょう。直したい行為や行動については、ほかの子どもを傷つけたり、本人が傷ついたりすることであればすぐに止めなければなりませんが、あれもこれも直してやりたいと言うことでなく、取り組む問題を一つ選ぶ方法が考えられます。

3　最初の危機を乗り越える

(1) 里親家庭に迎えられ溶け込んでいくプロセス

交流期間で馴じんでいても、何度か自宅に連れて帰っていたとしても、一緒に暮らし始めると、その時と感じの違う言動を目の当たりにし、予想していたよりも養育に戸惑いを感じることが多いものです。環境や関係性が変わることが大きな要因と思われます。はじめは少しお利口さんにふるまい、その期間は「みせかけの時期」とか「ハネムーンの時期」とか言われています。そういう時期が過ぎると、赤ちゃん返りであったり、試しの行動がみられることがよくあります。

赤ちゃん返りはこれまでできていたことを放棄し、退行現象を起こし里親に手をかけてもらおうという行為です。赤ちゃん言葉を使ったり、自分でトイレに行かなかったり、トイレットトレーニングもできていたのにおしめをしたりということが起き、養育のやり直しをする状況がおきます。さらに里親家庭で生活に少しなれてきて、「ここにいたい」と思い始める時期に、こういうことをしても里親は変わらず自分を受け入れてくれるかどうかを確かめるための行動だと考えられる「試し行動」がみられます。

食事面では過食気味で、「食べさせていないのかと思われないかしら?」と人の目を気にしたくなるほどのこともあります。また偏食する子どももいます。これまで好きだったものを、〝きらい〟〝食べない!〟とそっけなく食べなかったり、ある種のこだわりをもってそればかりを食べるといった現象がみられます。「栄養が偏る」と心配しないで、栄養のバランスも一日の単位でなく、一週間あるいは一カ月のトータルで見るぐらいの余裕で考えて下さい。そのくらいの心構えでいた方が解決への道が開かれるように思えます。行動面ではこんなところで「どうして泣くの?」「わめくの?」と言いたくなる行動をすることもあります。また子どもが、自分の気持ちを自分でもつかみかねていることもありますので、突然、粗っぽいことをしてみたりということもあります。他人や本人に危険なことはきっぱり「だめ」であることを、しかも短く伝える必要があります。しかし、試されている行動とかなと感じた時は強く反応したり、「ごめんなさい」と言うまで戦うというようなやり方は避けた方がよいようです。こうした行動に直面している時は「こんな状態がいつまで続くのだろう」と感じられると思いますが、三~四歳から小学一~二年生ぐらいの子どもであれば、四~六カ月もすれば、子どもが少し落ち着きを見せはじめます。一年が過ぎると家族の一員になったと感じる里親も多いです。

まずは、しつけを急ぐのではなく、子どもに安心できる居場所を提供し、子どもとの絆づくりをしていくことが大切です。安心、食べる、寝る、遊ぶ、大切にされるといった、子どもの本来的な欲求をしっかり満たすことを、里親として心がけていきましょう。

(2) 満たされるということ

前述したように、里親家庭に引き取られてしばらくは、過食や偏食、または、ごはんはあまり食べず、すぐおやつを求めるなど、一日の三食の食事、二回程度のおやつに悩まされる場合があります。特に就学前の子どもは里母といる時間が多いですから，里母はイライラがつのります。年長児の場合は少々偏食したり、こだわった食べ方をしても，身体ができていますし、基本的にしっかり食べていることが多いので、鷹揚な気持ちで対応することができます。

ある少年はヨーグルトを五〇〇mlのカップのケースに入ったままを誰とも分けずに一人で食べたかったそうです。次の日、ケースごと彼に渡すと、全部食べ、まだ物足りなさそうだったようです。この里母は食べたいだけ食べさせようと考えていましたので、実はもう一つ買っていました。二つ目も平らげました。ヨーグルトのケースごと食べる行為はそれで終えました。その後の様子をみていると、そんなにヨーグルトは好物でもなかったようです。「次はロールケーキを一本丸かじりしたい！」とリクエストをしました。里母が「切ってあげようか」というと、「いい」と断り、両手で抱えてパクパクと美味しそうに全部食べてしまいました。今度はさすがに二本目のリクエストはありませんでした。実は里母はロールケーキをもう一本購入していたそうです。「お腹をこわすからこれぐらいに」と制限をつけると、「満たされた」という思いが少し削られてしまいます。すると、そういった行動を長引かせることになりかねません。幼児が「ロールケーキを一本食べる」ということを想定する必要はまずありませんが、「これは明日食べようね」と目の前にあるものを引き上げるより、ある程度食欲を満たせる量を見定めて、「これ全部○○ちゃんが食べていいからね」とすすめる方が不満足感を残さないでしょう。安心していつでも食べられるという気持ちになれば、おおむね身の丈に合った食事量になってきます。

ある里母は大勢の兄弟姉妹の中で育ち、おみやげやにいただいたお菓子は家族全員で分けると一人当たりの量が少しになったそうです。結婚して夫婦二人の生活が始まって、頂き物のお菓子を箱ごと独り占めできるのがうれしくて仕方がなかったそうです。もし、大家族の人と結婚していたらいまだに独占したいという気持が残っていたのではないかと笑って話してくれました。この里親は子どもが心も身体も満たされることが大事だと理解して、経験を生かしていました。

きちんとしつけるのが家の方針でも、受け入れ後の当面の間は、子どもの欲求を受け止めるように心がけてほしいです。子どもが欲求を出せるということが大事なのです。むしろ、子どもがそういった欲求が出せる状況を作ってほしいです。子どもの今の状況はそれまでの生活環境、その人の身体、精神的状況から影響を受けていますので、それを考えながら、里親がとった方法で、子どもがどんな状況になっていくのかをよく考え、里親は子どもの状況にあったやり方に変えていくことが望まれます。この点については、第5章からのペアレントトレーニングを活用するとよいと思います。

(3) 小学生以上の年長児への対応

年長になった子どもの里親養育は難しいものです。それまでに愛された実感が乏しかったり、親と離れるまでの家庭生活で、親が十分に受け入れる余裕がなかったり、適切な養育がなされていなかった子どももいて、また施設などの集団生活のなかで、特定の大人と継続したかかわりがもてなかったわけですから、里親の思いがなかなか届きにくい、あるいは人間関係を深めていくことが難しいと感じる時があります。時間をかけることが必要になってきます。

M君は小学三年生のときに里親との交流が始まりました。彼自身は施設では楽しそうに生活していたと思います。だが、このままでは、家庭生活を一度も経験しないまま社会に出ていってしまうのではないかということで、里親委託を考えることになりました。里親との交流が始まってから初めて迎える夏休みに、三人での小旅行が計画されました。しかし、その旅行はトラブル続きでした。旅行中のお小遣いを入れてもらった財布を、うれしがっているうちに紛失してしまいました。遊園地では数カ所回っただけで、乗り物パスポートはどこへやら……。ホテルでは真新しいベッドをおねしょでぬらし、里母の懸命の謝罪で、ホテルマンから許しをもらうと、「ぎりぎりセーフやったね」と胸なで下ろすM君でした。気にしていたんだとわかり、いじらしくもなります。夫妻にとっても楽しい旅行ではあったのですが、これからの生活の大変さもずっしりとわかった旅行でもありました。「何事も心にとどきにくいなあ」「九年間のブランクがあるのだからじっくりいきましょう」という夫婦の会話と覚悟にもなりました。

それからも週末には里父が仕事帰りに施設に寄り、週末を里親宅で過ごすという生活を送りました。M君も、いつも週末を楽しみにしていましたが、里親との生活になかなか踏み切れない様子でした。

住み慣れた施設を離れる不安もありますが、自分の親に対して気持ちの整理が必要なことがわかってきました。この点はとても重要なことなので、私たち関係者は彼と向き合い丁寧に対応してきました。大人が「きりのいいところの学期が終わって」からと考えますが、自分での決定ができると、学期の途中でありましたが彼の希望で、里親との生活が始りました。

けんか早さや、勉強が苦手であることから、里母は諭したり、注意をしたりする必要があるのですが、一方では子どもを信頼して暮らしていました。一緒に暮らしはじめて一年半が過ぎた頃、「この家に来て変わったことは、けんかしなくなって優しくなったこと」と自分で言うまでに成長しました。その頃、「自分の生い立ち」という作文に、「生んだお母さんをうらむより生んでくれたことに感謝する気持がわいてきました」と綴っています。この親子の出会いからも、子どもを愛すること、信じること、そして待つことの大切さを学びました。

4　真実告知——子どもに育ての親、養親であることを伝える

養子である、あるいは育ての親、養親であるということを、いつ、どのように子どもに伝えるかという「真実告知」は、里親、養親にとっては重要なテーマです。かつては、子どもが気づくまで話さないと考えられていたこともあったようです。そのために子どもが疑問を抱いても、親にも聞けないで悩むということがよくあったようです。今では、子どもがあまり大きくならないうちに親から告げ

ることが望ましいと考えられています。

(1) 告知の始まりとその必要性

生んではいないけど（血のつながりはないけど）、私たちは親子だし、あなたは大切な子どもなんです、と告げることから始まります。

また、早期に告知をしている人は、真実に基づいた関係の方が絆が深まると考えています。里親家庭で育ったこと、養子であるということも含め、子どもが自分の生い立ちを肯定して受け入れることができるためにも、真実を告知した方がよいと考えられます。

(2) 告知の前提状況

親子関係が良好で、子どもが落ち着いていて、子どもが自分は愛情を十分もらって育てられていると感じられる時に、里親や養親が告知する機会を見つけることが望まれます。子どもに悩み事や困難な課題がある時はできれば避ける方がいいでしょう。子どもが他人から親子関係について聞いてくる前に告知ができていることが望ましいのですが、もし、子どもが何らかのきっかけで、疑問に思ったりして尋ねてくることがあれば、その機会に話ができるならば、ただ疑問に答えるだけでなく、里親や養親にとって「あなたは大切な子どもで、血はつながっていないが、わたしたちは親子なのです」ということをしっかり伝えましょう。告知をすることで、里親や養親が周囲の理解やサポートが得られる環境が整っているのであればさらに心丈夫です。

（3）告知の実際

養育している子どもが幼稚園あるいは保育所に通うような三～四歳以上になると、里親、養親あるいは養親となる人は、そろそろ「真実告知」のことを考え始める必要があります。自分たちが育ての親・養親であること、子どもは自分たちからは生まれていないが、愛情をもって養育していること、大切な子どもであること、から告げることが大事です。

就学前の年齢になると、大抵の子どもは保育園や幼稚園に通っていると思いますが、その頃になるとお友達のお母さんに赤ちゃんが生まれるといったことを理解しはじめます。そして、自分の赤ちゃんの時はどんなだったのだろうと思うのか、「わたしが赤ちゃんのとき、お母さんのお腹にいたの？」「あんなふうに大きかったの？」と尋ねてくることもあります。そういった時、赤ちゃんがどうやって生まれてくるかということと、「〇〇ちゃんはお母さんのお腹から生まれたのではないが、お父さんやお母さんの大切な子どもよ」というように話し始めることになるでしょう。

小学二年生では生活科の「いのちの授業」があり、生まれてきた時、赤ちゃんの頃の話を親から聞いて書くというような宿題が出るようです。また、それにまつわる授業があります。そういった授業があるからといって慌てて子どもに話をするのでなく、子どもにとって落ち着いて安定した気持ちの時に告知をしておきたいです。そういった授業も「困った」と考えるのではなく、親子の関係を深めるチャンスに変えていけるといいですね。

「生んではいないこと」「血のつながりがない」ということだけを告げるのではなく、むしろ自分たち夫婦が望んで、楽しんで育てていることを告げることに重きをおけるといいです。どのような言葉を使って告知していくかは、先輩の養親の「告知の実際」のお話を聴く機会があるでしょうし、書籍として出版されていますから参考にすることができます。避けることが望ましいのは思春期にはじめて告知をするということや家族が問題を抱えている時に伝えることだといえます。愛着や信頼を抱いている親から受ける告知は子どもが肯定的に受け止めることができる要素の一つです。それまでのかわいかった様子やエピソードも含め真実に沿って、その子どもの年齢で理解できる話し方、言葉を使って話していきましょう。ある程度子どもが成長したならば、なぜ、里親家庭で生活しているのか、なぜ、養子になることになったのか、知っておくと不要な不安、間違った想像して悩むということが避けられます。

5　ライフストーリーワーク――子どもが生い立ちを受け入れる手助け

養子やかつての里子が思春期以降になって、「自分のルーツを知りたい」、あるいは、「なぜ生みの親と暮らせなかったのか」「親はどんな人なのか」を知りたいと家庭養護促進協会（以下、協会）の事務所に来所することがあります。幾度となく話をしていて、養親や里親は子どもの成長のエピソードをもっと語ってやってほしい、そして、子どもたちが自分の生い立ちを理解する手助けをすることも今まで以上に必要ではないかと感じていました。そんな時、研修で訪問したイギリスで、何人ものソーシャルワーカーから「ライフストーリーブック」のことを聞き、養子縁組機関のディレクターから「ライフストーリーブックの作り方」の書籍をプレゼントされました。そこで、子どもたちが自分の生い立ちを理解し、受け入れるための取り組みがなされていることを知りました。

生みの親から離れて暮らす子どものエピソードや生い立ちは生活環境が転々とするうちに失われ、後から知ることは難しくなります。子どもたちが幼い頃のことを理解する手助けをすることが、子どもたちが現在や将来を前向きに受け入れ、生きていくうえで最良の方法だという理解が深まったからです。その後、ブックを作ることだけでなく、「ワーク」に重点が置かれるように変わっていき、ライフストーリーワーク（ライフストーリーブックを作ることも含め）が取り組まれてきています。

いただいた「ライフストーリーブックの作り方」を日本語に要約し、二〇〇二年二月から数回にわたって、協会の機関紙「はーもにい」に紹介しました。その頃は日本ではまだ関心が抱かれていなかった分野でもありました。紹介してから何年かの歳月を要しましたが少しずつ関心が広がり、今では熱心に研究され、また実践している里親、児童養護施設が増えています。

「ライフストーリーブック」は絵や文章、写真や手紙、出来事で作る子どもの生い立ちの記録で、信頼関係のある大人に手伝ってもらい、子ども自身が作っていくものです。子どもたちの誕生の記録、例えば何グラムで生まれて、どんな赤ちゃんだったか、その後の健康状態や病気なども含め成長を書きとめておくことが大切です。さらに、なぜ、どのように里親や乳児院、児童養護施設に預けられるようになったのかなども含まれます。そういったことは不安や淋しかった経験でもあり、子どもは記憶しておきたくないかもしれませんが、それも含まれます。時には子どもたちは親が自分を手離したことを「私が可愛らしくなかったから」とか自分のせいではないかと思っていることがあります。子どもの声に注意深く耳を傾けることで、そういった間違った認識を修正することができます。ライフストーリーワークでは大人は肯定的態度を貫き、生みの親について話す時は真実を適切なやさしい言葉に代えて伝えることがとても大切です。養親や里親の場合は真実告知をすることに伴って、その後、子どもの抱く自分自身への関心や疑問に応えていくことで、子どもが自分の生い立ちを理解していくことになります。ライフストーリーワークの取り組みは里親、養親にとっても大切です。

6　里親が自分の声を社会に届ける

真実告知の研修会で養親にお話をしていただいた時です。養親から次のような話がありました。それは中学校の社会科「核家族」がテーマの授業で、「家族は血のつながりだ」という言葉を先生が言われたようで、養子のA子さんにとって、悲しい授業になってしまったということがありました。

養親は小学校二年生の「命の授業」で、「赤ちゃんのときの物を持ってきて下さい」とか、「名前の由来を書いて下さい」とか先生から課題が出ることを知っていましたので、学年最初の家庭訪問のときに、「先生、こういう授業があるときは、前もってお知らせいただけませんか」とお願いしていたそうです。自分たち親子にとっては大切なテーマだと思うので、親が考えられる最大の言葉を使って、書いてやりたという気持ちがあったからだそうです。今回は中学に入っての授業で、「家族は、血のつながりがあって家族だ」ということが授業で話されたと子どもから聞いた時、養親は、「少し的が外れているのではないかな」と思ったそうです。それに、養親の住む地域には児童養護施設もあり、親はいるけれども一緒に暮らせない家族や生みの親が別にいる子どももいます。

A子さんは「自分はどこにも当てはまらないひとりぼっちだ」という感じになり、授業を受けながら悲しくなって涙が出てきたそうです。周りの友達はA子さんのことを知っていますので心配して、授業が終わって、「あなたはあなたでいいんだよ」って言ってくれたので、余計に悲しくなってきたようです。

その日、A子さんはそのことを親には言えないで、次の日になってやっと「お母さんこんなことがあったのよ」と話したので、お母さんも経緯がわかったそうです。そして、親としては何かアクションを起こさないといけないと思い、学校に連絡したところ、校長先生、教頭先生、その先生、それから担任の先生が「申し訳なかったです」と、自宅に来られたそうです。養親は「こういう家族もあること、いろんな家族の形があるということを知ってほしい」という姿勢で先生に理解を求めました。

「子どもが傷ついた」ことも先生に知ってほしいこと、特に今の時代には多様な家族があることを、教育者として知っておいてほしいと願ったようです。そうすることで、自分の子どもだけでなく、他の立場の人たちも生きやすくなることを考え、特別扱いをしてもらうのでなく、理解をしてもらいたいと望んで行ったことなのでした。

さまざまな家族があり、それぞれが大切な家族として暮らしているのです。親がこのアクションを起こしたことで、子どもは、「自分一人で戦わなくていいんだ」っていうことを学んでくれたようで、それからはことあるごとに「こういうことはどう思う?」と、以前にも増して親子で話せるようになりましたという報告を受けました。

研修会に参加していた他の里親が、自分の子どものこともさることながら、ほかの子どもたちのことも思う気持ち、そのために行動を起こす勇気を感じたという声と、先輩の里親や養親や子どもたちの働きに感謝する気持ちがわいてきたという声もありました。

7　里親養育がうまくいくためには

(1)　先輩里親の経験から

里親養育は子どもの成長の途中からの養育であり、それゆえに難しさがあることは何度もふれてきました。子どもたちは頼りにしていた大人と離別し、馴じんだ環境から引き離されているのです。子どもがどのような状況であったのか、そのすべてを明らかにすることは困難なことと理解しなければなりません。親や周囲の大人がその子どもにとってよかれと思う方針を受け入れ、新しい環境である里親家庭に飛び込んできています。少しでも、不安を取り除き、安心できる居場所になるよう最大限の配慮をして本来の当たり前の生活ができるようにしたいものです。これまで多くの里親の声を聞いてきました。多くの先輩の里親が、自分たちの経験から心がけていることのなかには里親養育に役に立つことがたくさんあります。そのいくつかをあげてみます。

① 里親養育に限りませんが、結果を急がず、小さな成長と変化を見つめ大切にしようとする姿勢です。子どもは親が自分にしてくれたことをよく覚えており、その時の感じを心に残しています。そして、「自分の世話を楽しんでしてくれていた」と感じているようです。

② 研修に参加したり、ほかの人の話を聞くことで、実践の場での問題解決のカギを得ることがあったり、一人よがりを防いでくれることもあります。

③ 仲間をもつことは、とても大切です。同じ立場の里親とは課題の共有ができますし、共感できる機会になります。地域のおつきあい、子育て仲間、学校のママ友も大切だと思います。それに加え、里親、養親の仲間をぜひもってほしいです。

④ 里親養育がうまくいくための支援はまだ十分とはいえません。でも、少しずつ増えてきています。支援のプログラムあるいは子育てに役に立つ資源を上手に受けることもまた大切なことです。あなたが経験を積んでこられたら、今度は後輩の里親さんに手を貸しましょう。

里親養育は苦労もありますが、喜びも大きいものです。子どもの気持ちを理解したり里親養育の経過を知っておくと少しは安心できます。何もしないで結果が出るわけではありませんが、いつかは解決することだと気持ちを楽にして取り組むことも求められます。

(2) 里親養育がうまくいくために必要なこと

①里親夫婦が協力的であること

前にも触れましたが、夫婦で始める里親、養子縁組の養育には夫婦の協力的姿勢は欠かせないものです。子どもへの直接的かかわりがどうしても気になって、お互いのストレスを軽くする工夫など忘れがちになるようなので注意が必要です。

②里親が自分のことをオープンにする

家庭に誰か一人入ってくることは、それまでできていたあうんの呼吸のような関係がいったん崩れ、再構築が必要になります。自分の心を開いて、新しい関係性を築いていくことが求められます。

③子どもの行為やふるまい、価値観の相違などを認める

里親養育は子どもの成長の中途からの養育であり、自分たちに似たところもあれば、まったく異質な部分をもっていることもあります。子どもはこれまでに身に付けた行動パターン、物事への価値観をもっていますので、自分とは異なる価値観に基づく言動があっても、まずは「当たり前のこと」、と思うことが必要です。

④里親に必要な三つの気と思いやり

いったん身に付いたものを変化させるには時間がかかります。ちょっとずつ変化していき、今すぐ解決できなくても、今日より明日すこしでもよくなっていることを認められる里親になってほしいと願っています。里親に必要な三つの気、それは「元気」「のん気」そして「勇気」とは名言です。本当にそうだと思います。里親は子育てにおける元気さが求められ、時には、子どもたちのために勇気をもって何かに立ち向かわなければなりません。「いつかは解決する」とのん気にかまえることで、道が開けることもよくあります。そして、どんな立場の親でも同じだと思いますが、子どもへの思いやり、暖かさは欠かせないものです。

⑤関係機関と協調・協働

どのような子育ても、父だけ、母だけ、父母だけとか家族だけで成しとげられるわけではありません。地域、学校関係、医療機関などなど沢山の協力があって成しとげられるものです。特に、里親養育には関係機関がいくつかあります。そういったところは、経験のなかから里親養育がうまくいくためのさまざまなノウハウをもっています。また、新たに学んで、里親のみなさんと共有しようという姿勢もあります。話を聞いてもらうことで異なったやり方のヒントが得られることも少なくありません。

第4章　子どもの成長は里親の喜び

1　子どもの成長の喜び

（1）閉じていたこころが開く

Kちゃんと養母Mさんは子どもの冬休みや夏休みの時に協会に来てくれます。その時には、幼稚園で作った絵や工作、写真を携えて来てくれます。Kちゃんは楽しい会話をしながら、持参の小さな道具バッグから色紙やペンを出してきて、その時の季節に応じて、ひまわり、水族館やクリスマスツリーの絵を描いてくれます。Kちゃんが描いたひまわりは事務所の壁にピンナップされ、協会のスタッフにほほえんでくれています。

小学生になった今回はいろいろな作品の中に〝小さな手作り絵本〟がありました。タイトルは『ふしぎならんどせる』です。「むかしむかし、あるところにおんなのこがいました……」で始まります。「おんなのこはらんどせるがまほうのほうきになったらいいな～」と思っています。そこに「もうねなさい」とお母さんの声。「朝おきると、らんどせるがまほうのほうきになっていました」というようなお話でした。

Kちゃんは二歳過ぎで、新しい家族と出会いました。もっと幼かったとき、親に見守ってもらいたい時期に大人の様子をうかがって生活をしなければならなかったようです。自分の世界を幼いながらに作っていて、乳児院に来た時は他の子ども、他の大人を寄せ付けないようなところがありました。養父母との関係づけには時間も必要でしたが、数カ月の交流を経て家族に迎えられました。Kちゃんが家庭に迎えられて、しばらく経って、協会のケースワーカーが家庭に訪問をし、養父母と話をしているそばで、Kちゃんは一人で言葉もなく着せ替えカードのようなおもちゃをテーブルに広げていました。「一緒に遊ぼう」とワーカーが声をかけ、手を出したところ、Kちゃんはすーっとその手を払いのけました。家族に迎えられて一カ月が過ぎ、二カ月が過ぎ三カ月が経った頃、養父母以外の大人との間でも、何かを一緒にするということができるようになりました。そんな里親養育の出発でした。小学生となった今、人と楽しみを共有できるように成長した姿は、養親にとっても私たちにとっても、とてもうれしいことです。

(2) 僕は来るべきところに来たと思う

三二歳になったYさんの養父母の願いは、彼が好きな人と出会い結婚してくれることです。しかし、Yさんの職場には女性は多いのですが、既婚の女性がほとんどで、どうも職場での出会いは期待できないようです。Yさんは職場の女性が昼休みに「孫談議」をしているのをよく耳にしていたようです。

養母はYさんが成人になってしばらくした時に、「私たちに遠慮しなくていいから、生みの親に会いたかったら会いに行ったらいいのよ」と話しました。Yさんは「わかった」というだけです。先頃もう一度言いました。そうすると、それには直接答えず「お母さん、僕は来るべきしてこの家に来たと思う」と言ったそうです。「僕はまだ結婚をしていないので、孫を抱かせてあげられないね」とちょっとすまなさそうにも言ったそうです。「私たちはあんたを育てさせてもらって、幸せ、それだけで十分よ」と自分たちの気持ちを率直に伝えました。

Yさんは高校時代の友達グループで集まっていた時、友達は結構親に叩かれたという話になり、みんなも、「あった、あった」とにぎやかにエピソードが語られたそうです。その夜、Yさんは「僕はたたかれなかったなあ」とつぶやいていると、父親は「叩いて行動が直るのであれば、そうしたかもしれないが、おまえとお父さんの手が痛いだけ」と父親もつぶやいていました。

Y君が小学校に入学する時お母さんは少しまじめな顔をして、「お母さんたちは沢山学校に行っていないから、家では勉強を教えてあげられないので、学校では先生のいうことをよく聞いて勉強をしてね」と話しました。彼もお母さんの言葉をしっかり受け止めて、親の希望通りの学校生活を貫きました。この里親のお話を聞いていると、いつも、世の中には地道で賢い生き方をしている人がいると誇らしい気持ちになります。

2　里親の喜び――感謝の手紙

U子ちゃんは小学校一年生の時に里親家庭に迎えられることになりました。U子ちゃんは新しい環境には馴じみにくい子どもでした。U子ちゃんと里親の最初の出会いは夏休みでした。それから週末には里親夫婦が面会に行きました。そして今日までどのように過ぎていったかは、U子ちゃんの「手紙」が物語っています。

U子ちゃんの里親Aさんは小学校の卒業式の日、学校で先生から封のしてある「感謝の手紙」を受け取りました。Aさんは封筒に厚みを感じたので、家で読むことにし、楽しみに帰りました。冒頭には少し大きな文字で「感謝の気持ち」とあり、その後便箋四枚にわたって綴られていました。「私は小学一年生の時、お母さんとお父さんに出会いました」と始まるその手紙の内容は、里親との出会いから今日までの気持ちと里親のしてくれたことへのたくさんの「ありがとう」といくつかの「ごめんなさい」でした。

出会った当初のことを、里親が「会いに施設に来てくれたのに、イヤだと言って逃げてばかりでした。でも、あきらめずに来てくれました。あの時はほっていってしまってごめんなさい」「私が熱を出した時、とても優しくしてくれました。おいしいおかゆもつくってくれてありがとう」。

家庭に迎えられてから、里親が自分のためにやってくれた数々への、ありがとうでした。

不安な気持ちで迎えたであろう新しい学校、クラスにはU子ちゃんがただ一人その地域での仲良しと同じクラスでうれしかったのです。「お母さんが私のために先生に頼んでくれたんだと思う。ありがとう」。失敗した時も「いいよ、いいよ」となぐさめてくれたこと、小さい頃は「ありがとう」とあまり言わなかったので、A家に来てお父さん、お母さんにきたえられて「ありがとう」と言えるようになったことなどが綴られていました。また、「反抗して家を出たときも追いかけてきてくれてありがとう。もし、追いかけてくれなかったらどうしようと思っていた」とも綴られていました。そして、最後は「これから中学にいくけどお弁当大きくしておいてください。最後に二人に『元気でいてください。でも元気すぎるのも止めてください』」というユーモアで終わっていました。

U子さんはおとなしい性格だったので、新しい環境に少しでも馴れるために、里親は学校にもお願いして協力を得たこともありましたが、そう気負ったことでもなく、なにげなくしたことを一つひとつ受け止めてくれていたことに、びっくりとうれしさが入り交じった感想をもったとAさんは言いました。

親子げんかもしたことが何度かあるのに、「イヤなことの一つも書かないで」とも里母は思ったそうです。卒業式でのお友達との別れも終え、帰ってきたU子ちゃんに「お手紙ありがとう」と言うと、U子ちゃんは「私の隣の席の男の子は何を書こうかなと悩んでいたけど、私はすぐに書けたよ」と言いました。気持をうまく表現することが苦手だったけど、書くことでこれだけ表現できることへの成長を里親が感じた日でもあったようです。

里親にとっては宝物のような手紙です。後輩の子育てに頑張っている里親に「こんな手紙を受け取る日が来ること」を伝えたいと思う時もあるようですが、こみあげるものがあり、人前ではこの手紙のことを普通に話すことができないとも感じています。Aさんは子どもの許可を得て、感謝の手紙をみせてくださいました。六年間のことを時系列によく覚えているという印象を受けました。この手紙は里親がその都度、配慮して子どものためにしたことで、無駄な事はないという証明書のような気さえするものでした。

子ども自身のがんばりと里親が子どもの存在を大切に日々の生活をていねいに送ってきた結果がこの手紙に表現されているという気がします。

3　大人になった養子からのメッセージ

里親さがし「愛の手運動」が始まり二〇年が過ぎた頃、「子どもたちはどのように成長しているのだろう」という関心が寄せられました。そして、そういった思いをふまえ、里親家庭で育ったという体験が大人になった時どのように影響を及ぼしているのかを明らかにするために、里親家庭で成長した長期養育や養子縁組のかつての里子に調査を実施したことがありました。その結果、「里親が自分の世話を楽しみにしていた」と九割以上の人が回答し、里親が家庭的な配慮をして育てており、それが子どもたちに伝わり里親を肯定的にみているということ、そして、健康で伸びやかに育っている姿が明らかになりました。この調査後は調査という形だけではなく、大人になった養子や里親家庭で成長した子どもたちへのインタビューなどのさまざまな形で交流を続けています。

ここでは、できるだけ子ども自身の言葉でその思いを伝えていきたいと考え、いくつかの手紙、語りを紹介しています。子どもの成長を感じ取っていただきたいと思います。

娘からお母さんへの手紙

手紙を書くのは怒られたときに書く謝罪文ばっかりのような気がします。

久しぶりに手紙を書こうと思います。

手紙といえばお母さんは、私が渡した手紙を必ずファイルに入れてくれますね。

あげた方が忘れるくらい小さなメモも残してあるのにびっくりします。

お母さんに育てられたこの二三年間、一言でまとめるには難しい、いろんなことであふれています。

思い出を語るときりが無いので一つだけ。

私がこの家に来たことは覚えていますか?

私は覚えていないけれど、この前出てきた昔のお母さんの日記を読むと、「愛されているな」の一言に尽きます。「よくここまで愛してくれたな」と、「よく受け入れてくれたな」と幸せに思います。

「私は神様のプレゼントだ」と自分で言ったことも忘れましたが、私にとってはこの家で、この父と母のもとにこれたことは最高のプレゼントです。

お父さんとお母さんの子どもでよかった。

顔は似ていないけれど、性格は似ていて、その分喧嘩は絶えないし、怒られることしかしていない。

そんな私を見放さないと手をつないでくれてありがとう。

幸せと実感できるほど、愛情を注いでくれてありがとう。

私はこの二人の子どもになれて、最高に幸せです。

涙もろいお父さんと、頑固で芯が強いお母さんの娘になれたこと、私は誇りに思います。


（二四歳養女Ｆ子）

Ｆ子さんが、養父母を涙もろいお父さんと、頑固で芯が強いお母さんと表現していますが、「なるほど」とうなずけます。お母さんは子どもに気持ちや考えを伝えたいと努力をしています。叱った時や感情的になってしまったなと思う時や、子どもと思いが違っている時には「こういうことだったのよ」と、手紙で表現して伝えるということもあったそうです。Ｆ子さんの手紙を読んで、逆に「ここまで気づいていてくれたのだ」と思うことも多かったと言います。Ｆ子さんは最近、養子として育ったことについて、人前で話す機会を与えられ、今の自分を見つめ直す機会も得ています。同じ立場にある子どもたちの役に立ちたいという考えをもっています。
大人になるまでにさんざん親を困らせたり、世話をかけることがあった子どもも、一方で誰かの役に立ちたいと思っているということがよくあります。そういう場面に出会うと、子どもは自立していっているのだなあと感じます。

私を生んだ親は苦労していたんだ

私は生みの親のことについてあまり聞きたいとは思わなかった。お母さん（里親）が話そうとした時も、聞きたくないという態度をとっていた。高校三年生の時、私の希望で養子縁組をすることになった。手続きにあたって、ケースワーカーのBさんと話をすることになった。Bさんは協会の行事の時に出会うのと少し雰囲気が違っていた。養子縁組は名前が変わるだけでないこと、法律的に親子になることの「責任」について話をしてくれたと思う。私は「わかっている」と答えた。

これまであまり聞こうとしなかった私のいきさつについて、Bさんは「少しは知っておくものよ」と言われた。その時、なぜか私も知っておくことも必要かと思ったので同意した。

私の生みの両親は若い時に結婚して、私が生まれた。まだ数カ月の赤ちゃんの頃、私はよく泣いたそうです。赤ちゃんなんだから当然だけどネ。泣く私に、お父さんはうるさく思うようになり、私にあたるようになったらしい。お母さんは私をどうして育てたらよいのかわからず、こんなことをしていると、子どもが死んでしまうと思って、児童相談所を教えてもらい、預ける相談に行ったんだそうです。お父さんもお母さんも育った家庭が大変で、親に可愛がってもらった経験があまりなかったらしく、どうしたら、子どもを可愛がることなのか、泣く子にどうしてやればよいのかわからなかったらしい。そんなことちょっと想像がつかなかった。生みのお父さんもお母さんも苦労していたんだ。

でも、私は親といえば、今育ててくれている両親しか考えられない。そういう気持ちだから養子縁組を望んだことを話していたので、Bさんは「よかったね、この人しか親でないと思える人に出会えて。子どもが生まれたら、お父さんお母さんにしてもらったことをモデルにして育てたらいいもんね」と言いました。そうなんだあ、まだ親になることなんか想像もつかないけどね。

（一八歳・養女J子）

親は子どもの道標《みちしるべ》

養子という立場をふまえていても、自分の親を「育ての親」という表現もふさわしくなく、生みの親が他にいるという感覚も遠い。ただただ、父と母です。父母はいつも僕の道標として僕を見続けてくれている。しかし、客観的にそのように理解するにはゆっくりとした時間を必要とした。二二歳になった今、進むべき方向を親が指し示す必要がほとんどなくなりました。僕から里親や養親に送るメッセージは、「あなたを信じて頼っているのは、あなたの子どもです。自信をもって接して欲しい、親は子どもの道標なのだから」。僕が養子という存在だからこそ、今の考えの自分がいる。そうでなかったら、親子とは？など考えるチャンスもなく、薄っぺらい人生を生きていたかもしれない。

（二二歳C男）

C男さんが忘れることができないことがあります。それは中学の部活動で先生に叱られた時のことです。傷ついて家に帰り、母親に訴えました。それを聞き、母親はC男さんと共に先生を訪ねてくれました。冷静に話をしていましたが、C男さんが期待していた苦情は言わなかったのです。学校を後にして、腹立たしい気持ちを母親にぶつけると、「先生もよくない。でも、あんたは少しも悪くないの？」と諭されました。悔しさはすぐに消えなかったけれど、先生にとった自分の行為はとるべきものではなかったと反省したそうです。一方、母親は「この方法でよかったのだろうか」、「C男に厳しすぎたのではないか、生みの親ではないからなのだろうか」と悩んでいたことを後に知ったそうです。彼は「養親子関係だからではない、別の人格である親子だから、考えや方法が異なっていて当たり前だ」と言います。自分のことを誰にでもオープンに話すタイプではありませんが、彼が語る親子のやりとり、親子観は味わい深いものがあります。

家庭養護促進協会では里親家庭のファミリーキャンプを毎夏に二泊三日で開催しています。いつしか「ぽんぽこキャンプ」という名称で子どもたちに親しまれるようになりました。キャンプ参加者の最年少は二歳ぐらいです。C男さんも二歳から里母と共に参加していましたが、小学生の高学年になってからは一人で参加しています。初めのうちは楽しいばかりのキャンプで参加していましたが、先輩のキャンプリーダーの活躍をみているうちに、いつのまにかC男さんも頼れるリーダーになってキャンプに参加していました。社会人になり、職場の行事の世話役を務めているそうで、その力はキャンプで身につけたおかげと言います。

C男さんは結婚して、息子が生まれました。家庭以外のもう一つの居場所ともいうべきぽんぽこキャンプを妻や子どもに紹介したいと一緒にキャンプに連れてきてくれました。

子どもたちが里親家庭に迎えられて、表情が豊かになり、おしゃべりができなかった子どもがお話しが上手になるなど、子どもが見せる一つひとつの変化は育てる立場の者としてはうれしいことです。子どもが小学校一年生を迎え，小さな体にランドセルを背負って登校する姿を見送ることは里親にとっては感激の場面ですが、それはどんな立場の親も同じ心境でしょう。

その後の成長の過程の中で、子どもたちは今の親は生みの親ではないこと、どのようにして今日があるのかを理解し受け入れることになります。

先頃、養育希望者が里親の認定を受けるための研修で、大学の先生に一つの講義を受け持っていただきました。その時、先生のお手伝い役として、卒論に「里親制度」を取り上げている女子学生が参加しました。彼女は養子縁組家庭で成長しました。研修会の合間に彼女と久しぶりに話をしていると、養親の愛情をしっかり受け、養父母の子どもとしてゆるぎなく育てられたと実感していました。これから里親として子どもを迎えようと考えている研修の受講者に、このことを話してくれることになりました。彼女の疑問のない今の気持ちと、里親希望者への応援の気持ちが堂々と語られました。福祉を学ぶ学生だからなのか、家庭養護促進協会のような支援の機関の存在の必要性まで話が及んだのには少し驚きました。

里親家庭で育ったことも含め子どもたちが「これでよかった」と思える人生を送ってくれることが里親制度に携わる者の願いです。

第5章　親子関係の基本――自分を知り子どもを知ること

1　私たちの心の中

私たちの心には「長さ」と「個性」、それに「深さ」があります。「長さ」というのは、私たちが生まれてから現在までに、どんな経験をしてきたかという道のりのことです。人は誰でも、これまでのさまざまな人生経験を背負いながら今を生きています。そして、誰一人としてまったく同じ経験をしている人はいないと思います。

それに世界中の人たちは一人ずつみんな違います。それぞれの人は、その人だけの個性ももっていますし、その人だけの過去と現在を背負って生きているのです。お母さんにも、お父さんにも、そして子どもにも、それぞれに個性があり、一人ひとりが独自の存在なのです。本当に、人さまざまですね。それが「個人差」につながるのでしょう。それでいいのだと思います。そういう意味で、里親のお母さんもお父さんもそして子どもも、みんなこの地球上にたった一人しかいない人間という存在なのです。「この子はどうしてこんなことをするのだ?」と不思議に思われても、また実子であっても、同じようなことを感ずることだって少なくありません。ましてや、里親家庭の子どもは里親の家庭とは違うところで生まれ育ったので、お母さんお父さんとはずいぶん違うところがあっても、それは当然のことかもしれませんね。

「深さ」というのは、私たちの心は自分でわかる部分だけではなく、自分でもわからない部分、知らないところ、気づかない側面がいっぱいあるということを表現した言葉です。人の心は氷山みたいなものだといわれています。氷は水面の上にほんの一〇分の一だけ姿を出し、一〇分の九は水面の下に隠れています。つまり、私たちの心の大部分は無意識というか、自分でもよくわからないところがほとんどです。こうした無意識の世界のことを掘り下げて考えることは、人間を理解する上で大切なことだと思います。でも、それはあくまで精神分析学とか臨床心理学の世界での研究テーマであって、子どもを理解するために、また里親の自己理解のためには、もう少し現実的に私たち自身でも意識できる領域というか部分を取り上げて考えてみましょう。

2　親の願望達成

親の心の中には、自分のひそかな願望を子どもに託して達成させたいという気持ちが潜んでいないでしょうか? つまり、自分の果たせなかった夢を子どもに託すとか、そこまでいかなくても自分の商売を継いでほしいとか、自分は大学へ行けなかったから子どもは大学へ行ってほしいといった具合に、親の願望達成のような気持ちは世界中のすべての親が大なり小なりもっていると思います。あるいは、自分がたどってきたのと同じような道を子どもにも歩ませたいとか、やらせたいといった気持ちが、心の何処かに潜んでいるのではないでしょうか？　そのために、子どもに過大な要求をして重荷を背負わせたり、困らせたり、子どもが親の願うようにやることができないと、無性に腹が立つとか落胆するといったことがあるかもしれません。

また、親にとって嫌だとか腹が立つのは、子どもが自分と同じような欠点をもっているとか、自分が昔犯した失敗と同じようなことをやることです。昔の醜《みにく》い自分の姿を見せらつけられたような気がするのでしょう。それとも、こんなことはありませんか？　自分ができたことや得意だったことを子どもがやれないと、とてもがっかりするとか無性に腹が立つといった経験です。そして、腹を立てて子どもを叱りはじめると、どんどん怒りがエスカレートしていって、「これでもか、これでもか」といった具合に、子どもが親の要求したことができるまで、怒鳴ったり叱ったりすることがあります。普段はそんなことはないのに、子どものことになると、なぜか自分で自分にストップがかけられなくなってしまう時があるのです。

それに、親が怒鳴れば怒鳴るほど、子どもは反抗することが多いようです。それが親の怒りの火に油を注ぐような結果に発展してしまいます。親と子の関係というのは本当に難しいですね。

3　周囲が無関心だと淋しい

子どもにとっても、大人にとっても、無視される、つまり誰からも認めて貰えない、注目されないということは、とても淋しいことだと思います。特に、そうした気持ちは自分の生まれた家庭や施設から里親のところに来た子どもにとっては人一倍強いに違いありません。でも、考えたら、それは当然のことではないでしょうか？　いろいろな事情や難しいことがあって、今まで住んでいた親や兄弟姉妹と別れて施設の仲間と暮らす生活にやっと馴れたと思ったら、新しい両親のところへ来ることになったのです。

自分は本当に受け入れて貰えるのかな、可愛がって貰えるのかな、愛して貰えるのかな、いつまでもここにいられるのかなと、子どもは子どもなりに悩むし、心配するし、不安を感じているに違いありません。ですから、泣いたり、わめいたり、叫んだり、怒ったり、甘えたり、赤ちゃん返りをしたり、いたずらをしたり、これでもか、これでもかと新しいお父さんとお母さんの愛情と許容範囲を試しているかのように、次々と困ったことをするのです。

試す方の子どもだって、自分の運命、自分の将来がかかっているのですから真剣です。新しいお母さんやお父さんだけではありません。新しい環境、新しい食べ物、新しい生活の仕方、すべてがこれまで経験してきたこととは違うのです。でも、それに戸惑い、かんしゃくを起こしたり、泣き叫び、物を投げたり、壊したりする子どもに付き合わなくてはならないお母さんやお父さんは、もっと大変です。善意や愛情だけではとても乗り切れないような、子どもの挑戦が続きます。お母さん、お父さん、本当にお疲れ様です。遠くからですが声援を送っています。

4　誉められると嬉しいはずなのに……

大人でも子どもでも、一人ひとりがみんな違います。個性があります。ですから、それぞれの子どもにあった接し方とやり方ができるといいですね。誉めること一つをとっても、いろいろ工夫しないといけない時もあると思います。子どもの身長や体重が違うように、子どもへのアプローチも一人ひとりにマッチしたやり方を見つけましょう。

「良くできたね、すごい」「上手くやれたね、偉いね」と言って、子どものやれたことを誉めましょう。「○○ちゃん、頭がいいね」「□□君は優しいのね」「△△ちゃん、元気だね」と子どもの良い点や良い状態を言葉にして言いましょう。「○○ちゃん、すてき」「□□君かっこいい」「△△ちゃん、えらかったね」と子どもの良かった点や素晴らしいところを言いましょう。「ありがとう。お父さん嬉しい」「お母さん感動したわ」「ほんとう。感心しちゃった」といった具合に親の気持ちを伝えることも大切です。誉めるときだけでなく、叱るときに「○○君が□□すると、お母さんはとても悲しい」と、ただ叱るだけではなく、子どもがやったことについて、お母さんやお父さんがどんな気持ちでいるかを伝えることも大切です。

ただ、「そんなことをしては、駄目じゃないか」と叱るだけでは、お母さんやお父さんの気持ちは伝わりません。子どもは何をどうやったらいいのかわかりません。どうしてほしいかを言葉で、具体的に言いましょう。また親がどう思っているか、どんな気持ちでいるかを、言葉にして伝えましょう。

誰でも自分の良いところを誉められると喜びます。大抵の子どもにとっては、普通誉められることは大きなご褒美です。嬉しいことです。でも、中には、良いところを言って貰うとか、誉められると、何となく恥ずかしいのでしょうか、それとも照れくさいのか、嫌がってそっぽを向くとか、親にくってかかる子がいます。

そんな子どもだって心の奥底では喜んでいるのでしょうが、表面では嫌がるそぶり、怒っているそぶりをしたり、反抗的になったりして、親の手を焼かせる時があります。そういった態度や行動に出られると、どんなに辛抱強いお母さんやお父さんだって、時には「いいかげんにしなさい」「もう我慢できない」といった気持ちになるに違いありません。そんな気持ちになるのは、決して不思議でも、おかしいことでも、悪いことでもありません。私たちはみんな感情の動物です。嬉しい時、幸せな時もあれば、悲しい時、腹が立つ時だってあるのです。それが人間だと思います。

5　子どもが悪いことをした時

子どもが悪いことをした時には困りますね。困るだけでなく、腹が立ちますし、なんとか止めさせようという気持ちが強くなります。そうすると、力ずくででも子どものやっている悪いことを、すぐに止めさせようとします。そんな時には焦りますし、あわててしまいます。前後のみさかいを忘れて、なんとしてでも止めさせよう、変えさせようとしてしまいます。

「なんでこんなことをするの」「もっと素直に聞きなさい」「私の言うことがわかんないの」と、子どもを非難する声と言葉が頭の中を駆けめぐります。その一方で、研修会で習ったように、「冷静になりなさい」「子どもをあるがままに受け入れなさい」といった言葉も頭の中に浮かんできます。どうやったらいいのだろうと混乱します。子どもだけではなく、腹を立てている自分にも怒りを感じはじめます。そんな状態が続くと自己嫌悪に陥ってしまいます。子育てって本当に難しいですね。

私たちは、いつでも、どこでも、すべてのことを一〇〇%にやることは難しいと思います。実際の生活や仕事では、うまくいかない時、失敗する時、挫折する時の方が多いような気がします。あんなに上手なプロ野球のピッチャーだって、完全試合をするなんていうことは、まずありません。完全試合をしたことがなくても、素晴らしいピッチャーは大勢います。子育てでも、エラーをするとか、打たれるとか、四球を出すことがあっても、それであなたが親として失格したわけではないのです。次のインニングがあります。次の試合もあります。心機一転もう一度がんばってみましょう。子育てってだって同じことです。

6 叩いたらどうなりますか

子どもが、ちっとも言うことをきかない、悪いことを止めない、そんな時には子どもを叩きたくなります。でも、仮にしつけのためであっても、「叩く」というやり方は、親が思う以上に強い否定的というか悪い影響を子どもに与えます。叩くということは暴力です。暴力を振るわれた子どもは、大きくなるまでの間に、殴っても、叩いても、暴力を振るってもいいのだという考え方や生活の仕方を身につけてしまう可能性があります。叩かれたり、叱られたり、「お前は駄目だ」と言われてばかりいると、自分は本当に駄目なのだと思うようになってしまう危険性があります。一度、「自分は駄目だ、私には価値がない」といった自らに対する否定的な考え方や物の見方（否定的な自己概念）をもつようになると、それを「すぐに」あるいは「いっぺんに」変えることは難しいと思います。一度できあがった自己概念というものは、そう簡単に変えることは難しいようです。

「しつけ」をするためには、叩くという手段を使わなくても、言葉で叱ることができます。言葉ならば、どこが悪かったのか、悪いことの代わりにどんなことをしてほしいかを、具体的に説明することができます。また、子どもがどんな具合に何をやっているかを、側で見ていて言うことができます。

そして、親の言ったことを子どもが実行したら、すぐに誉めることが可能です。仮に一〇〇%できなくても、「努力しているのがわかるよ。えらいね」と言って、子どもが一所懸命にやってたことに親が気づいていることを、子どもに知らせることができます。

7　目を見て話しましょう、聞きましょう

子どもに話をしたり、子どもの話を聞く時には、子どもの目を見て話したり聞くことがとても大切です。お母さんやお父さんが子どもの目を見れば、子どももお母さんやお父さんの目を見るようになります。親子の間でも、視線と視線が出会うアイコンタクトを大切にしたいものです。それから、子どもと大事なことを話したり聞いたりする時には、上から子どもを見下ろすのではなく、できるだけ子どもの目線の高さまで、お母さんやお父さんが下りてくることができるといいですね。その方が、子どもに話をする時に、子どもの注意を引きつけることができます。

それから、子どもの困った行動を直したい時や止めさせたい時、大事な話をする時には、他の人がいるところは避け、テレビの音がうるさいならばテレビを消して、ニヤニヤしながら話すのではなく、ちょっと改まった、真剣な顔つきで話しかける方がいいようです。逆に、誉める時には、ニッコリ笑う、嬉しそうな顔をして誉める方が、子どもは喜ぶに違いありません。こうした、一寸した雰囲気づくりにも気を配りたいものです。

相手の話を聞く時も同じです。話す相手の目を見て耳を傾けましょう。そうすると、自然に相手の気持ちがわかるし、相手の話にすぐ応答できるようになると思います。少なくとも相手に、「あなたの話を一所懸命聞いていますよ」という誠意が伝わります。それは凄いことです。熱心に自分の話を聞いて貰った人はきっと喜びます。相手の人に自分の気持ちをわかって貰えた、自分の立場を理解してくれたと感ずることができるからです。私たちの日常生活や人間関係では、こちらが一所懸命に話しても、相手の人が熱心に聞いてくれなかったり、理解して貰えなかったりすることが多いと思います。親身になって自分の話を聞いて貰えることは、親にとっても子どもにも、とても嬉しいことですし、ありがたいことなのです。

でも、私たち日本人は相手の目を見て話たり聞いたりすることが苦手だと思います。欧米の文化では相手の目を見ることを大切にします。子どもの時から、親は子どもに相手の目を見て話すことを教えます。相手の話を聞く時も同じことを要求しています。欧米の人たちは「視線を合わす」文化をもっているのでしょう。これに対して、私たち日本人は視線を合わさない文化だといえるかもしれません。じっと相手をみていると、相手に不快感を与えるのではないかと思っているのではないでしょうか？　あるいは失礼ではないかと心配しているのでしょう。いずれにしろ、相手の顔を見ないで話したり、聞いたりしていることがかなり多いと思います。

8　子どものレベルから出発

子どもに何かをやらせる時には、まず子どもがやれるレベル、つまり子どもが達成できる、解決できることからやらせましょう。小学校の算数の授業ならば、まず一けたの足し算を教えましょう。それが、難しければ、「おはじき」のように小さなモノを並べて、「一つ、二つ」と勘定することから始めたらどうでしょうか？　つまり、いくつあるか勘定できるようになることが、算数のスタートラインです。それができるようになったら、1＋1＝2、1＋2＝3といった簡単な足し算を教えはじめましょう。

足し算がわからなければ、引き算を理解することは難しいと思います。ごく簡単なことから、一歩ずつ前へ進みましょう。一桁の足し算ができるようになったら、次は二桁の足し算です。引き算だって同じことです。足し算と引き算ができなければ、掛け算や割り算はわからないでしょう。算数も、少しずつです。国語だって、算数だって、体操だって同じことです。なんでも、基礎が大切です。基礎から始めましょう、子どもがやれるレベルから出発です。「急がば廻れ」は勉強にも躾《しつけ》にも当てはまると思います。子どものやれるところから始めて、子どものペースで、子どもがやれる範囲で、少しずつ、一歩ずつ進めていって下さい。これが「少しずつ」の原則です。

9　子どもの話に耳を傾けましょう、でも無理は禁物です

子どもがお母さんやお父さんに話しはじめたら、できるだけよく聴いて下さい。子どもの目をみて、熱心に聞いて下さい、耳を傾けましょう。お母さんだってお父さんだってとても忙しい毎日だと思います。ですから、子どもに三度のご飯は食べさせ、お風呂に入れ、清潔な下着や洋服を着せることに精一杯で、子どもの話に耳を傾ける機会がちょっと少なくなってきているかもしれませんね。別にそんなに改まって、「さあ、話しなさい。お母さんが聞くよ」「お父さんも聞くよ」といった感じでなくていいのです。毎日の生活の中で、子どもが学校のこと、保育園のこと、友だちのこと、嬉しかったこと、悲しかったことを話しはじめたら、今までやっていた仕事をしばらくの間、横において、子どもの方を向いて、子どもの話にじっと耳を傾けて下さい。子どもが話したことにうなずいて下さい。

子どもが失敗したとか競争に負けた話だったら、「それは残念だったね」「そうだったの、それは悔しかったね」と子どものがっかりした気持ちや悲しい気持ちを、前述したように言葉にして言うことも大切な親の役目です。悲しいことや辛かったことばかりではありません、何かいいことがあったとか、何かをやれた時にも、「○○ちゃん、すごーい。お母さんは嬉しい」「お父さんは喜んでいる」と親が子どものやったことをどれだけ誇らしいと思っているか、喜んでいるかを言葉にして言って下さい。子どもが感じている嬉しいこと、悲しいこと、残念だった気持ちを、お母さんやお父さんが理解

しているることを言葉にして伝えましょう。「○○ちゃん、それは残念だったわね」「あそこまでやったのに、おしかったね」「そう、運動会のリレーのメンバーに選ばれたの。すごーい」といった感じです。

私たち日本人は、言わず語らずのうちに感じ取り、黙っていても伝わるという「以心伝心の文化」の中で長年暮らしてきました。あまり言葉にしないで控えめにしていることが美徳であるように教えられ、また実行してきました。それは私たちの大切な伝統だと思います。しかし、同時にいつの間にか私たちの文化は変わり、これまでの「言わず語らずのうちにわかってもらえる」ということだけに頼っているのではなく、もっと積極的に家族の間でも「○○ちゃん、こんなことができるのだね！お父さん嬉しい」「○○ちゃんが時間通りに帰ってこないと、お母さんはとっても心配なのよ」といった具合に、親が子どもに、自分の気持ちを話すことも大切なのではないでしょうか？

これによって、お互いの心と心の間の距離がぐんと近づくと思います。これは、里親と里子の間だけではなく、お母さんとお父さんの間でも同じことかもしれませんね。

でも、子どものなかには自分の気持ちや考えを言えない子どもや言わない子どもだっているでしょう。それがその子どもの個性ですし、今の子どもの状態なのです。それを尊重する暖かさと優しさももちたいものですね。

10　やってほしいことは具体的に言いましょう

子どもの「しつけ」で大切なことは、お母（父）さんが子どもに「どんなことをやってほしいか」「どんなことはやってほしくないか」ということを、具体的に伝えることだと思います。

私たち大人は、「ちゃんとしなさい」とか「いい子にしていったら」といった具合に、曖昧というか具体性のない言葉で子どもに話していることが多いと思います。ここでお母さんやお父さんが使った「ちゃんと」というのは、どういう意味でしょうか？　お母さんやお父さんは子どもにどんなことをやってほしいと思っているのでしょう。お出かけした時に、途中で「買って、買って」とねだらないことでしょうか？　それとも、お客様がいらしたときに、「こんにちは」と挨拶をすることでしょうか？　それともご飯を食べるときに、お箸を正しく使って、こぼさないことでしょうか？

こうした問題は、お母さんやお父さんが子どもに何を、どんな具合にやってほしいかを、はっきりと、具体的に説明することが解決の始まりです。そして、子どもがそれをちょっとでもやったら、それを認めて、喜んで、誉めるというところから出発しましょう。そして、理想の形やレベルまで、少しずつ時間をかけながら、次第に持っていきたいものですね。

たとえば、スーパーへ行く前に、「スーパーにいったら良い子にしてなさいよ」「スーパーではちゃんとするのよ」と言うよりも、「スーパーに行ってもお菓子は買いませんよ。その代わりに、お家へ帰ったら、○○ちゃんの好きなアイスクリームをおやつに食べましょう」と言う方が具体的だと思います。同じように、「お客様がいらした時には、『こんにちは』と挨拶をしてから、自分の部屋に行きなさい」と言えば、子どもは何をどうすればいいかが、はっきりとわかります。その方が、「ちゃんと」言うよりも、子どもがお客様に挨拶する可能性は大きくなるでしょう。ご飯を食べる時に、「ちゃんと食べなさい」というよりも、「ご飯はお箸を使って食べなさい」の方が、子どもがお箸を使う可能性は大きくなるに違いありません。ご両親は子どもに何をどうしてほしいかを具体的に伝えるように心がけて下さい。そうすれば、子どもが親のやってほしいことをする確率が大きくなると思います。

11　「いやだ」の時期

子どもは自分が気に入らないと、すぐに「いやだ」と言います。こうした自己主張は、幼い子どもの自立の第一歩だといわれています。たしかに、子どもは自分の考えとか要求を言うことによって、これまで親に完全に依存してきた状態を抜け出そうとしているのかもしれません。それは子どもにとってはとても大切なことでしょうが、同時にかなりの努力が必要なことでもあると思います。でも、一日中「いやだ」と言われている親にしてみれば、腹が立つし、「いいかげんにしなさい」と言いたくなります。

でも、こうした「いやだ」と言う時期が永遠に続くわけではありません。子どもの方でも、親に叱られ、助けてもらい、頭を打ち、少しずつ現実がわかってくるようになります。でも、お母さんやお父さんにとっては、「いつまでも続く、親と子の戦い」のように感じるだろうと思います。よく反抗期というレッテルが貼られる現象であり、そういった時期なのです。

多くの子どもは、エネルギーがあり余っているかのように、動き回り、自分の欲しいものを探しもとめ、やりたいことを今すぐにやりたがります。子どもは、僕（私）はお母さんやお父さんとは違うのだと考え、自分は自分だと他者のことは考えず、自己中心的で自分の要求だけを振りかざします。そして、自分の要求通りにならないと怒り狂います。とてもやっかいな時期です。でも、親に叱られたり、助けられたり、教えてもらったり、頭を打ったりしながら、少しずついろいろなことがわかっていくのです。

お母さんやお父さんだって腹が立つでしょうが、子どもの自己主張は、子どもが自分自身を発見しようとしている努力であるということも考えて下さい。こうした反抗期を経験しない子どもは、やる気のない子どもになってしまう恐れがあります。面倒くさいし、やっかいですが、「これは将来の自立や独立そしてやる気の準備だと思ってほしいのです。

子どもの中には、寝る前とか、お出かけのまえに、一通りすべてのことをやらないと気がすまない子どもがいます。そして、それにストップをかけようとすると怒ります。お母さんやお父さんから見ると、「どうでもいいようなことことに、なぜ、そんなにこだわるのだ」と言いたくなるようなことも少なくないと思います。でも、こうしたことは、やがて子どもが大きくなった時に、きちんと働く習慣の芽生えだと考えて下さい。これと同じように、一人で積み木を使って何かを作ろうとしている時に、親が助けようとすると怒ることがあります。一人で何かをやり、自分で完成させることにプライドを感じているのだろうと思います。子どものそういった気持ちを大切にしましょう。

12　遊びを通して自信をつけます

子どもにとっては遊びが何よりも大切な勉強です。ちょうど大人が仕事に行くとか、家事をするのと同じようなものです。子どもは遊びを通して、何かをやること、とくに何かをやり遂げることを学んでいきます。子どもが成長するには親の世話と愛情が必要です。でも、すべてを親にやってもらうのではなく、自分でも何かをやろうと努力します。はったり、立ち上がったり、歩いたり、階段を上ったり降りたり、ものを投げたり蹴ったり、どんどん新しいことができるようになっていきます。そして、そうしたことが自信につながります。お母さんやお父さんが「すごいね！」と誉めると、子どもは喜んでますますやろうとします。こうやって、子どもは遊びを通して、どんどん自信をつけていきます。子どもにとっては、遊びを通して身体を動かし、いろいろなことができるようになることが、とても大切な勉強であり、「僕は（私は）、やれるよ」といった誇りとか自信のような気持ちがどんどん大きくなっていきます。

子どもがまだ二歳ぐらいの時には、瓶の蓋をころがすことも、手を叩くことも、リズムに合わせて身体を動かすことも、みんな大事な遊びです。少し大きくなると、片言で話をしたり、走ったり、投げたり、やがて歌を唱たり、他の子どもと接触したりしながら、次第に遊びの内容が発展し複雑で高度なものになっていきます。こうして、子どもは遊びを通して、いろいろなことをやれるようになり、それが子どもに自信を与えます。子どもにとっては「遊び」が大切な勉強なのです。

13　子どもは一人ひとり違います

お母さんやお父さんにとっては、何でもないようなことであっても、幼い子どもにとってはとても難しいことが多いのです。お母さんもお父さんも、自分の子どもをよその大人と比較することはないでしょうが、近所や知り合いの子どもと比較して心配になり、その結果叱っていることはよくあります。「お隣の○○ちゃんはできるのに、どうしてあなたはこんな簡単なことができないの？」と腹が立つし心配になってくるのです。

でも、子どもは一人ひとり違います。個性があります。個人差もあります。また、子どもはいっぺんには成長できません。それは、身体の発達にも、知的な成長にも、他者との交わり方にも当てはまります。

幼稚園や保育園のように子どもが大勢集まっているところで、子どもをよく観察してみて下さい。

背が高い子どももいれば、背が低い子どももいます。がっちりした体格の子ども、やせた子どもとさまざまです。身体だけではありません。何ができるかにも得手と不得手がありますし、一人ずつみんな違います。性格についても同じことがいえると思います。個人差があるのは当然です。

育児書には、三歳児になったらこんなことができます、あんなことができますといったことが書かれています。しかし、子どもの成長にはあまりにも個人差があって、そう簡単に年齢という枠だけで子どもの成長の度合いをみることは難しいのではないでしょうか？　年齢という枠にはめるよりも、一人ひとりの子どもの成長のリズムというか成長の過程を尊重しましょう。

14　子どものやれる範囲で――ゆっくり少しずつ

何かをやらせようとする時には、まず、簡単なことからスタートさせましょう。ここでも、「少しずつ」の原則です。そして、ちょっとでもできたら、すぐに誉めましょう。一緒に喜びましょう。お母さんやお父さんが喜べば、子どもも喜びます。それが自信につながります。どんなことをするにも、自信がないと上手にはできません。親からみれば何でもないようなことであっても、子どもにとっては大仕事なのです。それをやることができたら、嬉しいに違いありません。それに、両親の誉め言葉が加われば、きっと嬉しさが自信につながります。

「誉めようと思うけど、なかなか誉められない」「子どもが誉めるようなことをやってくれない」という、お母さんお父さんの声をよく聞きます。その通りでしょう。でも、そんな時には、前述したように、子どもの「やれるところ」から出発してみて下さい。つまり、叱りたいところ、親として不満なところは沢山あるけれども、それを取り上げるよりも、子どもがどんなレベルにいるかをよく見て、そこから出発しましょう。

いっぺんに始めから終わりまでをやらせるのではなく、小さく区切ってやらせてみましょう。難しいことも小さく区切って、その一コマ一コマをやらせればそれほど難しくないはずです。少しずつやらせることも大切ですし有効な方法です。普通の早さだとできないことでも、少しずつやれば、案外できるものです。この二つを組み合わせてみましょう。少しずつやらせてみましょう。これならば、ほとんどの子どもができるのではないでしょうか？

15　先回りしていませんか

私たちは子どもに「何がしたい？」「何をたべたい？」「どうする？」と尋ねておきながら、「これをやりましょう」「○○を食べましょう」「□□に行きましょう」と言った具合に、子どもが「やりたい」と言うのを待たずに決めてしまっていることが多いようです。

「何をやりたい？」と尋ねられても、子どもは迷っていることが多いのです。すぐに答えられません。そのような時に、お父さんから「○○をやろう」と言われると、心の中ではそんなにやりたくなくても、それをやってしまうことが多いのです。お母さんが「□□を食べましょう」と言うと、そんなに食べたくなくても食べてしまうことが、よくあります。

子どもにとっては「何がほしい」「何が食べたい」と聞かれても、大人のように即答することが難しいようです。何がほしいかわからないだけではありません。何があるのかよくわからない時があります。したがって、子どもの選択決定を尊重するためには、長い間「待つ」ということが必要です。

この問題は、大人のテンポを子どものテンポの違いということができるかもしれません。

なぜ子どもの考えるスピードが大人のそれに比べると遅いのかはよくわかりません。でも、一つの理由として考えられるのは、子どものもつ言葉の数は大人のそれに比べると、はるかに少ないからかもしれません。私たちは言葉を媒介としていろいろなことを考えます。語彙が少ないということは、それだけ思考の回転で近道をするといったことが難しくなるのです。ですから、子どもの話を聞く時には、大人はゆっくり、落ちついて、あせらないというのが謳い文句です。

子どもの話を聞けないもう一つ理由は、子どもが何かを言う前に、親が自分の意見を言ってしまうからです。多くの親は、子どもの気持ちや意見を聞こうという気持ちはあるのです。でも、子どもがぐずぐずしているので、待ちきれなくて、親が先に結論を言ってしまいがちです。子どもとの対話で大切なことは、親は大人は子どもが話すまで「待つ」ということです。

16　困った行動に注目と関心を示していませんか

子どもの悪いところばかりを取り上げると、叱ってばかりいるようになります。もちろん、悪いところ、困った行動は叱ってほしいのです。子どもの言動の中には、叱らないといけないことがよくあります。でも、ただ「こんなことをしたら駄目じゃないか」と叱るだけではなくて、前述したように、「どこがなぜ悪いのか」を言って説明し、悪いことの代わりに「何をしてほしいか」「どうやってほしいか」を言わないと、子どもは何をしたらいいのかわかりません。そして、「何をするか」を親が言って、子どもがそれをちょっとでもやったら、すぐにそれを誉めましょう。子どもが良いことをしたのを親が喜んで下さい。仮に子どもがやろうとしたことが完全でなくても、「やろうとしていたら」それを「○○ちゃんは、お母さんの言ったことをやろうとしている。えらいわね」といった具合に誉めましょう。

子どもが良いことをやっても、そんなことをするのは当たり前だと考えて、無視とまでは言いませんが、それを誉めないでいるということは少なくありません。しかし、子どもが悪いことをやった時には、「叱る」というかたちで、一種の「注目と関心」を示しているのではないでしょうか？　そうした状態が続くと、子どもの中には「良いことをやっても、お母さんもお父さんも誉めてくれないのだな。それだったら、いっそのこと悪いことをすればお母さんやお父さんの注目を引くことができる」といった考えをもっているかのように、良いことをしないで悪いことをするようになる危険性があります。多くの両親は、そんなことは考えてもいないことでしょう。でも、親の注目や関心を引くために悪いことをするという子どもの心理があるということには、十分注意していたいものです。

17　困った行動を無視するというやり方もあります

困った行動は無視していればやがてなくなるということをよく耳にします。しかし、これを実行しようとするならば、子どもがどんなに悪いこと困ったことをしても、親はそうした悪い行動や困った行いを無視しつづけなくてはなりません。これには、ずいぶん沢山の辛抱と努力が必要です。それを実行しようと思えば、まず子どもと視線を合わさないようにしなくてはなりません。それが難しければ、身体を子どもと反対方向に向けるとか、子どものいない部屋に移ってしまうといった方法が考えられます。でも、子どもが後からついてくれば結局は同じことです。

それに多くの親にとって、困った行動を「無視する」というやり方は簡単なことではありません。その難しさの一つは、これまでほとんどのお母さんお父さんは、子どもの困った行動に対しては「叱る」という方法を使ってきたからです。ですから、無視するというやり方に馴れていません。それから、親が子どもの困った行動を無視しはじめると、子どもはなんとかして親の関心と注目を引こうとして、いっそう大きな声で泣いたり、わめいたり、これまで以上に悪いことをしようとします。ですから、「無視する」という方法を使う場合には、親が前もって子どもに「○○ちゃんが泣いても、お母（父）さんは放っておきますからね。○○ちゃんが泣きやんでお話できるようになったら、また相手するからね」といった具合に、お母（父）さんが子どもの困った行動を無視していることを説明しておきましょう。なぜ親が子どもを無視しているか、子どもがわかっていると思えば、親の方でも気持ちが楽になると思います。

また、すべての悪い行動を無視するのではなく、無視する子どもの行動を前もって決めておき、それを子どもに伝えておくと、親の方でも「子どもに○○は無視することを言ってある」と思えるので、少し気分的に楽になれるのではないでしょうか？

それでも、難しい場合があります。そんな時には、「無視しようとしている困った行動の反対である良い行動を誉める」といったやり方を併用する方が実際的なようです。子どもが泣きやまない時には、泣くことは放っておいて（無視して）、子どもが泣きやんだらそれをすぐに誉めるというやり方です。子どもが兄弟で小競り合いをしているのは無視して、子どもが仲良くしたら、あるいは少なくとも喧嘩をしていなかったらそれを誉めるというやり方です。

理論的には兄弟げんかという悪い行動に、叱るという注目・関心がいかなければ、喧嘩はしなくなると言う人がいます。でも、実際には子ども達が喧嘩に飽きて、あるいは片方が力尽きて終わるまで待つことになります。それでは、両親はたまらない気持ちに陥りますし、やがて我慢ができなくてつい叱ってしまいます。それだったら、この難しいそして困った行いを無視するというやり方だけで解決しようとするのではなく、どうやってほしいかを言って、子どもがちょっとでもそれをやったら誉めるという方法を併用する方が効果的ですし、親にとってもやりやすいのではないでしょうか？

コラム　カウンセリングと子育て

子どもに対するカウンセリングでは遊戯療法というやり方をとることが多いと思います。この方法は、いろいろな玩具やお人形それに砂場などにおいてある部屋のなかで、子どもが自由に遊ぶのを、カウンセラーがそばで見守るという一種の心理療法です。これは四五分とか五〇分と時間が前もって決められており、しかもセラピストという親とは違うカウンセラーだからできることだと思うのです。家庭の中でお母さんやお父さんが遊戯療法をすることは難しいし、そんなことをすると子どもは親の役割について混乱してしまうのではないでしょうか？　遊戯療法では、日常の生活の中では許されないような、自分の怒りとか嫉妬といった心の奥にある感情を基にした言動が許されます。しかし、これは遊戯療法という時間と場所という制約つまり枠組みの中で攻撃性とか不安感といったものを、遊びとして自由に表現させるという考え方に基づいたことであって、普通の日常生活の中ではやれないことだと思います。それは、親が子どものカウンセラーになれないのと同じことです。ですから、本書では、現実の日常生活の中での親と子の関係と接し方を取り上げているのです。

18　できる範囲で新しいことにチャレンジ

子どものできる範囲で、無理をさせない範囲で、新しいことを経験させましょう。多くのお父さんもお母さんはこのやり方に賛成し、そうやろうと思っているのです。少なくともそう思うように努力するのです。ところが、子どもの方が自分ではまだできないような難しいことにチャレンジしようとすることがあります。こんな時に、子どもが失敗したらいけないと思って、親が「あぶない」とか「まだ無理よ」と言ってストップをかけようとすると子どもは怒ります。ふてくされます。時には、失敗したのは親が「やめなさい」と言ったからだと非難します。そんな時には、子どもに全部やらせて、失敗を経験させるのもいいでしょう。ただ、あまりにも大きな失敗を経験すると、子どもはやる気を失ってしまい、臆病になることもあります。ですから、子どもにやらせても、両親が「子どもには難しいな」と感じたら、助け船を出した方がいいかもしれません。

お母さんやお父さんが子どもに「良いこと」「悪いこと」をまったく教えないで、全部子どもまかせにしてしまうと、子どもはどうしていいかわからなくなって、自由を喜ぶどころか、かえって不安になってしまいます。そのため、おどおどしたり、乱暴をはたらいたりすることがあります。ですから、子どもがわかる範囲で、これは良いこと悪いこと、やって良いことやってはいけないことを教えて下さい。

少し時間はかかりますが、やがて子どもは親が教えることを少しずつ取り入れて、次第に善悪の判断を身に付け、いつ、どこで、何をしたらいいのか悪いのかがわかってきます。

第6章　誉められたことはまたやります

1　親に励まして貰うとやる気が出ます

お母さんやお父さんが幼い子どもと家の中の壁まで走って帰ってくる競争をしようと言いました。子どもはすぐに「ウン」と言って走る位置につきました。でも、お母さんやお父さんは「ヨーイドン」と言っただけで、自分は走りませんでした。すると、子どもは二〜三回走りましたが、その後はもう走らなくなりました。一方、お母（父）さんが一緒に走って、「そら、お母（父）さんが抜くよ！」と声をかけるとか「○○ちゃんは早いねー」と言って誉めたら、子どもは何回でも走ろうとお母（父）さんを走り競争に誘いました。

大人でも子どもでも、注目や関心あるいは誉めて貰うといったかたちのご褒美をもらった行動は、繰り返して行うことが多いようです。つまり、何かをやって誉めてもらったとか、やった結果が良かったら、当然ですが、またそのことをやろうとします。例えば、幼い子どもがヨチヨチ歩きをするようになりました。お母さんやお父さんは大喜びで手をたたいて「わあ、〇〇ちゃんすごい。よく歩けたね！」と誉めました。すると、幼児はまたヨチヨチ歩きをしました。こうして、お母さんやお父さんと幼児の歩く練習は長い間続きました。もちろん、子どもにとって、「歩けた」ということ自体も大きなご褒美です。

ですから、その後、誉められなくても歩くようになります。でも、誉められるとそのご褒美の威力はさらに大きくなります。誉めるということは、子どもにとって大きな支えになるし、励みになります。子どものお母さんがご近所のお母さんに道で出会いました。

「〇〇さん、何をしてらっしゃるのですか」

「もうじき子どもたちが学校から帰ってくるので、ここまで迎えに出ているのです」

「大変ですね。でも、この頃は随分嫌な事件がありますから、心配ですね」

「そうですね。やっぱり、心配ですね」

こうして、近所のお母さん同士の会話はどんどんはずんでゆきました。もし、前述のお母さんとお父さんが、子どもに「〇〇ちゃんすごい、よく歩けたね」と驚きと喜びの声を上げなかったらどうだったでしょう？　子どもは、あんなに一所懸命に歩こうとはしなかったでしょう。近所の方との会話でも、片方が声をかけてももう一方が返事をしなければ、声をかけた人はそれ以上何も言わずに通り過ぎていったに違いありません。そして、この次に会った時にも、自分の方から積極的に話しかけようとはしないでしょう。

私たちが何かを繰り返して「やる」とか「話す」のは、「やれた」とか「話せた」ということ自体から喜びを感じるとか達成感を味わっているからでしょう。でも、それだけではありません。周囲の人からの反応、注目、関心、賞賛といったご褒美をもらっていることも大きな励ましであり、やる気を強めているに違いありません。

2　結果が良ければまたやります

一般的に言って（多くの場合）、私たちは何かをやって、その結果が良ければまたやることが多いと思います。そして、やった結果が悪ければ、それをやる回数は減っていきます。

たとえば、ある人がレストランAに食べに行きました。雰囲気もサービスも良く、お食事のボリュームも沢山あって、美味しくて、料金はお手頃でした。次に、レストランBに行きました。雰囲気もサービスもあまり良いとは言えませんでしたし、そんなに美味しい味ではありませんでした。次にどこかへ食べに行く時、皆さんだったらAとBのどちらのレストランに行きますか？　間違いなくレストランAに行くことでしょう。子どもだって同じです。A君が公園に行ったら、お友だちが来ていて、一緒にサッカーをして楽しく遊びました。次の日に、別の公園に行ったら、年上の子どもたちが場所を占領していて、年下のA君は仲間に入れて貰えないどころか、邪魔者扱いされました。A君はそれ以来、別の公園には行かないで、友だちとサッカーをした最初の公園に行くことが多くなりました。私たちは何かをやって、その結果が良ければ、またそれをやることが多いようです。

でも、結果が良かったということだけが、私たちの行動を増やすわけではありません。「嫌な目に会わない」ということも私たちの行動に影響を与えます。私たちは、結婚式、お葬式、入社式、入学式、ハイキングなどさまざまな行事というか場所に行かなくてはなりません。そして、その場その時に相応しい服装をして出かけます。場違いな服装をして行ったら、叱られないまでも、恥ずかしい思いをするからです。一度、そんなことを経験した人は、TPOつまり時と場所と状況の判断を間違わないような服装をすることに注意するに違いありません。間違いを経験していない人は、場違いな服装をしたらどうなるかということを本で読むとか、誰かから教えて貰って知っているのでしょう。良いことが起こったから、またやるということもありますが、嫌な目にあわなかったから、またやるということもあるに違いありません。そうした経験が、間違いを犯さないようにという注意になってゆくのです。

3　聞き上手

世間では、よく「話し上手よりも、聞き上手」と言います。聞き上手になるとどんなことが起こるのでしょう？　一度、お母さんはお父さんの、お父さんはお母さんの話に（思い切り）熱心に耳を傾けてみて下さい。相手の話にうなずいたり、感嘆の声を上げてみて下さい。どんな反応がかえってくるでしょうか？　そんなに目に見えるような大きな変化だとか喜びや驚きの声はあがらなくても、相手は今まで以上に熱心に話をするようになるに違いありません。ただ、親子や夫婦の間の会話は毎日のことですから、相手の話をことさらに一所懸命に聞くということを、いつの間にかつい怠ってしまいがちです。そうなると、少しずつお互いの間の会話や対話が減ってしまうのではないでしょうか？

相手が話すすべてのことに注目や関心を示すことは難しいと思います。ですから、相手が話すある特定の話題についてだけでも、意識して熱心にうなずくとか「そうなの」と言って、相手に「あなたの話を聞いていますよ」ということを伝えるシグナルを送ってみて下さい。きっと相手は、今までよりもずっと熱心にその話題について話すようになると思います。

子どもに（ついて）も同じことが言えるのではないでしょうか？　一般的に、親は自分の意見は子どもに言いますが、子どもの話に耳を傾けることは少ないようです。でも、良い人間関係を注意深く見ると、必ずといって良いほど、相手の人と自分との間でお互いに関心を示し合い、認め合い、誉め、感謝し、共通の話題があります。これはちょっと努力すれば、夫婦、親子の間でもやれることだと思います。そうした良い夫婦関係や親子関係を結べるといいですね。一度、子どもがお父さんやお母さんに話をしているときに、親が一所懸命に耳を傾け、「そうなの」「それで？」「それはよかったね」「それは残念だったね」と子どもが話すことに「一所懸命に聞いていますよ」というメッセージを送ってみて下さい。子どもが今まで以上に熱心に話すようになると思います。

4　うっかり良くない行動にご褒美を出していませんか

注目するとか関心を示すことは、誉めることと同じような効果をもっています。つまり、注目や関心を示した行動は、また起こる可能性が大きくなるわけです。ですから、子どもが何かを上手にやれたとか、良いことをやった時に、それに注目し関心を示すことはとても有効な教え方でありしつけの方法です。でも、うっかりすると、悪い行動とか困った行動に注目や関心を示していることがありますから、そんなことがないように十分気をつけましょう。

たとえば、前述したように、私たちは悪い行動を減らそうと思って叱りますが、場合によっては叱ることが悪い行動に対する注目とか関心といった一種のご褒美になって、減らそうとしている行動をかえって増やすことになってしまう可能性があることに気をつけたいものです。

駅でこんな光景を見ました。夏の暑い日、お母さんが可愛いお嬢ちゃんを連れてお出かけです。駅のプラットフォームに来た時、ジュースの販売機を見たお嬢ちゃんは「お母さん、ジュース買って！」とおねだりをしました。お母さんは「お家を出る前に、今日は途中ではなにも買いませんよと、お約束をしたでしょう」と言って買いませんでした。しかし、お嬢ちゃんはあきらめません。何度も、何度も、「買って、買って」とねだり、しまいには大声で泣き叫び始めました。お母さんはとうとう根負けして、ジュースを買い与えてしまいました。

このお母さんに「あなたは子どもの『ぐずるという行動』を強めてしまいましたね」と言ったら、そんなことはないと反論なさるでしょう。でも、よく考えてみると、ぐずったらジュースを買って貰った子どもは、また同じような状況にであったら、泣いたりぐずったりして、「○○を買って」と要求する可能性が大きくなるに違いありません。ことによると、はじめから大声でぐずって「買って、買って」とわめくようになるかもしれません。

このお母さんは泣くのをやめさせようと一所懸命になっていたのです。でも、結果的には子どもが「泣いたら」欲しいものを買い与えてしまいました。ですから、ぐずったり、泣いたら欲しいものを買って貰えたこの子どもは、この次に欲しいものを買って貰えない時には、もっと大きな声で泣いたりわめいたりして、自分の欲しいものを手に入れようとするに違いありません。

ある病院でお年寄りの患者が病棟の看護師さんの部屋にやってきて注射器とかメスを触ろうとしました。それで看護師さんが「□□さん、ここは針やメスのような危ないものがあるから、ロビーに行ってテレビを見ましょう」と言って、お年寄りの手を引いてロビーへ連れて行きました。しかし、ロビーでテレビを見ていても、誰も話しかけてくれません。淋しくなったお年寄りは、また医務室に行きました。すると、看護師さんが「○○さん、ここへ来ては駄目でしょう」と手を引いて、ロビーに連れ戻しました。でも、しばらくするとこの患者は、また医務室へ行ったのです。この場合、この患者にとって看護師さんから「ここへ来たら駄目ですよ」と個人的に話しかけてもらい、手を引いてロビーへ連れていって貰うということは、「個人的な注目と関心」というご褒美だったのではないでしょうか？　一方、このお年寄りがロビーで座っていても、誰からも注目や関心を払ってもらえません。淋しくなったこのお年寄りは、また医務室に看護師さんの注目と関心をもらいに行ったことは容易に想像できることです。このお年寄りがロビーでテレビを見ている時に、周囲の患者やスタッフが番組について質問するとか、お年寄りに話しかけるといったことをしていたら、このお年寄りの行動はずいぶん変わってきていたのではないでしょうか？

5　高すぎる目標はやる気をなくします

セリグマンという心理学者が、昔こんな実験をしました。犬がどんなにもがいても逃げようとしても、動くことができないような状態にしておいて、その犬に強い電流を何度も加えました。可愛そうな犬は、逃げることができませんから、じっとそのまま電気ショックを耐えるしかありません。こうした実験を何度も繰り返した後で、今度は犬を自由に動ける状態にしておいて、もう一度電気ショックを与えたのです。すると、犬は逃げ出すことができるのに、そのままそこにうずくまってしまったそうです。

これは随分昔に行った実験ですが、今ならば動物愛護協会から訴えられそうなやり方ですね。そのことはともかく、私たちは達成不可能な目標に向かって、長い間、何度も何度も挑戦させられていると、大人も子どももこの犬のように無気力というか「やろうとしない」状態に陥ってしまいます。セリグマンは、そのことをこの実験を通して私たちに警告しているのだと思います。

いくら努力しても、解決することができないような難しい問題を何度もやらされるとか、どんなに頑張っても到達できない目標に向かって「頑張れ、頑張れ」とムチをあてられたとしたらどうなるでしょう？　どんなに努力しても問題は解決できないし、目標に到達することも不可能なのです。こんな状態が長い間続けば、誰でもやろうという意欲を失ってしまうでしょう。

余りにも高い目標に向かって、「頑張れ、頑張れ」と言われると、子どもはやってもやっても、またいくら努力しても目標に到達できませんから、どんどんフラストレーションがたまります。それだけではありません、いくら頑張っても悪い結果しか出ないのですから、やがて子どもは自分のことを「僕は駄目な子だ」「私には能力がない」と思うようになってしまいます。すると自信をなくしてしまい、ますますやる気を失います。悪い連鎖反応が起こります。

ですから、この本では何度となく、子どもがちょっと努力すれば達成できる目標とか、解決できるような課題から始めて、それができるようになったら、少しずつ目標あるいは要求水準を上げていくことをお願いしているのです。

6　叱ってもいいのです

本書では、「叱ったらいけない」と言うつもりはまったくありません。子どもを育てる時には、叱ることが必要な時がいっぱいあります。子どもが悪いことをしたら、それを叱ってもいいのです。ただ、その時に、叩くとか殴るという暴力は困ります。前述したように、暴力を振るわれた子どもは、肉体的な傷だけでなく、心にもとても大きな傷を負うことを覚えておいて下さい。また、子どもをさげすむというか侮辱する言葉を使うのも、一種の暴力です。そういうことがないように、十分注意してほしいのです。叱ってもいいですが、子どもの心を傷つけるようなことは慎みましょう。

前述したように、子どもが困ったことをするので、お母さんやお父さんが子どもを叱る時は、どこが、何が悪かったのかをよく言って叱って下さい。ただ、「駄目じゃないか」というのではなく、どこが、何をしたのが、何故悪かったかを説明しましょう。なぜお母さんやお父さんが叱っているのか、困っているのかを言って下さい。

子どもは自分のやったことや言ったことが、なぜ悪いのかわかっていない時があるのです。それに、悪いことはわかっても、その代わりにどうすればよいのかを知らない、わからないこともあります。ですから、叱るだけでなく、子どもに、何をどんなふうにやって欲しいかを、具体的に言いましょう。その時に大切なことは、子どもがやれる程度のことからやらせましょう、始めましょう。それがほんのちょっとしたことであっても、たとえ小さな一歩でも、少しでも前へ進めば大手柄です。ちりも積もれば山となります。一歩、一歩、前進しましょう。小さなことを大切にしましょう。

でも、子どもがちょっとできたからといって、「もっと上手に」「もっと早く」「もっと丁寧に」といっぺんに要求水準を上げないで下さい。子どもには子どものペースがあるのです。大人が望むように、子どもは素早く、完璧にできるようにはなりません。親が願うように、子どもは正確に、きちんとはなかなかやれないものなのです。「ゆっくりでいいから、正確に」といった具合に、子どもにはは十分に余裕を与えて下さい。子どもが自分のペースでやるのを見守りましょう。大人であっても、子どもに同じことを何度も何度も、繰り返してやってみないと、新しい知識も技術も身につきません。ましてや、子どもは大人よりもはるかにゆっくりとしたペースでないと、新しいことはやれないことが多いのです。

プロ野球のキャンプのテレビを見ると、プロのスター選手がコーチのノックするゴロを何度となく受けているシーンを目にすることがあります。プロの有名選手は、高校の選手とはまったく次元が違う非常に高いレベルの能力や技術をもっている人たちです。そのプロの選手が高校生と同じような基本的な練習を何度も何度も繰り返してやっています。子育てだって同じです。幼い子どもが、何かをやれるようになるためには、同じことを何十回、何百回と繰り返さなくてはなりません。

そして、コーチ役のお母さんとお父さんは面倒かもしれませんが、子どもがやる度に「良くできたね」「えらいね」と言って、できるだけやる度に誉めて下さい。もちろん、誉め方はいろいろです。

言葉で誉めることは大切です。でも、それ以外に、指でVサインを作って見せるのもいいでしょう。人指し指と親指で○を作って見せて、「よくやったね」ということを伝えるサインもあります。こうした非言語的な方法は誉め言葉の代わりになります。にっこり笑うのも、ハイタッチもいいでしょう。また、誉めるときには、すぐに、毎回、一貫性をもって誉めて下さい。そして、ちょっとでも良くなったら、何らかの方法で「良くなった」ということをすぐ本人に伝えましょう。野球の選手を上手にするのも大変でしょうが、幼い子どもに何かをやらせよう、良い行動を身につけさせようとすることも、手間がかかるし、とても大変なことなのです。

7 叱る効果はすぐ現れますが……

叱ることには即効性があります。教室で子どもが騒いでいる時に、先生が「うるさい！」と言って怒鳴ると、生徒の騒音はすぐに静まります。でも、しばらくすると、また騒ぎ出します。このように、叱る効果は長続きしないことが多いようです。でも、叱ると「すぐに」その効果が現れるので、また叱ってしまうのです。しかし、叱ってばかりいると、大抵の場合、その効果はだんだん小さくなっていきます。また、叱り方があまりにも厳しいと、子どもは叱られたらいけないと臆病になったり、無気力になったりすることもあります。

叱ったり、怒鳴ったりしていると、子どもは親を怖がるようになりますし、叱る親の心の中には感情の嵐が吹き荒れます。少なくとも怒鳴っている間は冷静さを失いますし、親も興奮してしまいます。そうなると、自分で自分をコントロールできなくなることが多いようです。また、親が子どもを怒鳴ってばかりいると、子どもが親を嫌がりはじめます。ただ、子どもがどんなに腹を立て、嫌がっても、子どもは親に世話をしてもらい、ご飯を食べさせてもらわなくてはなりません。ですから、嫌々ながらでも親のところへ戻ってきます。しかし、小さな小競り合いが絶え間なくあると、親子の間の人間関係が不愉快になったり、冷たくなったり、またとげとげしくなります。

ですから、叱る時には止めさせたいことだけを叱りましょう。一つのことを叱るついでに、ほかのことを叱るのは絶対に避けましょう。別のことまで叱りはじめると、叱る対象がどんどん拡大していってしまいます。そうすると、絶えず叱っていなくてはならなくなります。絶えず叱られている子どもにすれば、息が苦しくなるような経験かもしれません。

叱るという行為は非常に強力ですが、難しいしつけの方法だと思います。そしていろいろな問題が生じます。もちろん、悪い行動、困った行動は叱らないといけません。でも、残念ながら叱るだけでは問題は解決しません。ですから、繰り返しますが、叱るだけではなく、どうやってほしいかも言って、子どもがそれをやったら、すぐに「やってくれたんだね」とか「良くなってきたよ」と子どもに言って誉めて下さい。そして、「お母（父）さんは嬉しい」と付け加えて親が喜んでいることを子どもに伝えましょう。悪い行動をやめて良い行動をほんの少しでもやり始めたら、あるいはやる気配をみせたら、そのことを両親がとても喜んでいるということも子どもに伝えましょう。良い行動が増えれば、当然のことですが困った行動や悪い行動は減っていきます。

8　誉めるのも叱るのもできるだけ「すぐに」

誉めることを含めて、ご褒美というのはできるだけ早く出す方が、後になって遅れて出すよりも、ずっと効果は大きいようです。ですから、子どもが何か良いことをしたとか、これまでやれなかたことがちょっとでもできるようになったら、すぐにそれを誉めて下さい。後になって時間が経ってから誉めると、誉められた当人も一体何を誉められているのかわからない時があるからです。ですから、後になって誉める時には、何を誉めているのか、どこが良かったのかを、具体的に言って誉めて下さい。

叱る時でも同じです。悪いことをやったら、できるだけすぐに叱って下さい。時間が経ってから叱っても、子どもは何を叱られているのかよくわからないことがあります。どうしても、後になってしか叱れない時には、いつも以上に、何が悪かったのか、何を叱っているのかをはっきり言って、よく説明して（から）叱って下さい。

もう一度強調しますが、叱る時に、何を、どうやってほしいかを必ず言いましょう、付け加えましょう。「こんなことをしたら駄目じゃないか」と言って叱ったのでは、子どもは何を叱られているのか、どこが悪かったかわからない時があります。仮にわかったとしても、これから何をどうしたら良いのかわかりません。ですからどこが良かったか、どこが、なぜ、悪かったかをはっきりと説明して、これからどうしてほしいかを言い、それをちょっとでもやったらすぐに誉めて下さい。

この場合、まだ完全にできていなくても、やれていなくても、「やろうとしたら」それを「すぐに」誉めましょう。「○○君は、□□をやろうとしている。エライね」と言った感じです。こうしたことを続けていくと、子どもの行動が少しずつ変わってくると思います。

9　区切って部分ごとにやらせましょう

勉強でも、スポーツでも、また家事のお手伝いにしても、そのやっていることをよく見ると、細かいこと、小さな動きのつながりというか組み合わせによってできあがっていることがわかります。ですから、何かを教える時、やらせる時には、その始めから終わりまでをよく観察させて見習わせる方法（第7章参照）と、前述した、いくつかの部分に区切って教える方法の二通りがあります。

たいていの幼い子どもにとって洋服やパジャマを着たり脱いだりするのは大仕事です。シャツやセーターを持ってきて、「さあ、着なさい」と一人でやらせようとしてもなかなか着ることはできません。そんな時には、シャツの腕の付け根を見せて、「○○君、袖に手を通してごらん。後はお母さんが助けるから」といった具合に、最初の所だけをさせて、後はお母さんが手伝うのがよいでしょう。同じように、シャツを脱ぐ場合でも、全部お母さんが手伝って脱がしておいて、最後の袖口だけを自分でポンと脱がせればよいと思います。そして、脱げたら「上手、じょうず！」と誉めましょう。「上手くできた」という成功体験の喜びとか、「誉められた」時の嬉しさというご褒美の効果は、ご褒美を与えられる直前の行動（この場合、シャツを着はじめる、あるいは脱ぎはじめる）に働きかける性質をもっています。

また、シャツを着るのを教える場合、最初は手を袖口に通すだけですが、少しずつ腕全体を袖に入れるようにしていきます。もちろん、一つの動きというか部分ができる度に誉めましょう。同じように、シャツを脱ぐ時に、最後に袖口をポンと脱ぐところをやって誉めて貰った喜びは、肘から先を脱ぐことに続き、やがて肩口から腕全体を脱ぐようになり、しまいにはシャツ全体を脱ぐことへと進んでいきます。その一コマ一コマを誉めることが全体を脱ぐことにつながっていくのです。面倒臭いようですが、誉めるのも「急がばまわれ」です。

新しいことをやらせる時の、もう一つの原則は「少しずつ」です。シャツや洋服を着たり脱いだり、あるいは宿題をする時でも、あわてたり急いでやると失敗が多くなります。ですから、「少しずつでもいいから、正確に」と言ってやらせましょう。大人はせっかちです。お母さんもお父さんも、子どもに「早く、早く」と言っていることが多いのではないでしょうか？ 「早く、早く」と言われても、子どもはなかなか早くできません。早くできないどころか、あわてると、やりたいこともできないで、何にもやらなかったのと同じ結果になってしまいます。

たとえば、漢字を書く時に、まず「へん」と「つくり」を別々に書かせて覚えさせる方が、一つの字の書き方の全部をいっぺんに覚えさせるより、簡単ではないかと思います。つまり、一つの漢字のまず半分を覚えさせるわけです。全部を覚えるよりも、半分だけの方が簡単なのは当然です。そして、半分が覚えられたら、次の半分を覚えさせるわけです。

もう一度繰り返しますが、子どもにとって、少し難しい課題だなと思ったら、これまで説明してきたように、いくつかに区切って、その一つひとつの部分をやらせる方が簡単で、しかもやりやすいと思います。また、もう一つの大切なポイントは、「ゆっくりやる」ということです。少々複雑な動きでも、ゆっくりやれば、そんなに難しくないことが多いと思います。もちろん、両者を組み合わせて、小さな部分というか単位に分けておいて、それをゆっくりやるという方法が一番やりやすいでしょう。子どもがなかなかやれないような時には、「小さく区切って、少しずつ、ゆっくりと」という言葉を思い出して下さい。

子どもの成長の度合いに応じて、小さく区切ったり、少しずつやったり、いろいろ工夫をしてみて下さい。その方が、難しい課題、できないような問題に背伸びをして挑戦させるよりも、ずっと早く、比較的簡単に問題を解決できるようになると思います。「急がばまわれ」とはこのことです。

10　要求水準を少しずつ上げていきましょう

子どもが両親からやるように言われたことを、やれるようになったら、しばらくそれを観察して下さい。歯を磨く、食器を流しまでもっていく、外から帰ってきたら手を洗うなど、親が子どもに「やって」と言ったことを、子どもがどのくらい続けてやっているかを観察してみましょう。一度やるようになっても、それを誉めないでいると子どもはやめてしまうことがあります。ですから、やれるようになっても安心しないで、子どもがやる度に誉めて下さい。

でも、やるようになってから一～二週間ぐらい続けてやっていたら、要求水準を少し上げてみましょう。歯を磨くのに今までブラシを横にしか動かしていなかったのならば、ブラシを上下に動かして磨くようにさせしましょう。流しまで食器を運んでいるのならば、食器に水道から水をかけて水洗いをさせましょう。外から帰ってきて、手を水で洗えるようになったら、今度は石けんをつけて洗わせましょう。こうやって少しずつよりレベルの高いことをやってもらうわけです。こうして、より良い行動に進んでいかせましょう。つまり、より高い水準のことを要求することで、子どもが今までよりも少し高いレベルの行動ができるようになることを目指しましょう。

しかし、もう一つ大切なことは、お母さんやお父さんが、いちいち誉めなくても、子どもが自分から親の望んでいる良い行動をするようになることです。そのためには、子どもが良いことをしたら、すぐに誉めて下さいと書いてきました。そうすることは、子どもをしつける上でとても大切なことです。そして、子どもが良いことを毎回するようになってきたら、今度は逆に誉める回数を二回に一回、三回に一回とだんだん減らしていって下さい。

要求する水準をだんだん高くするとか、誉める回数を徐々に減らしていけば、誉める回数は自然に少なくなっていきます。毎回ご褒美を貰ってやるようになった行動は、ちょっとご褒美がなくなるとやらなくなります。でも、時々しかご褒美を貰わないで習慣づけられた行動は、少しぐらいご褒美がなくても、その行動をやり続けます。ですから、はじめは低い要求水準の行動であっても毎回のように誉め、よくやれるようになってきたら、次第に要求水準を高めていって、誉める回数を次第に減らして、やがては時々誉めるようにするのです。そして、最終的にはたまに誉めるだけにするわけです。

毎回ご褒美をもらって習慣づける方が、早く行動を身につけることができます。でも、毎回ご褒美をもらって身につけた行動は、ちょっとご褒美がなくなるとやらなくなる傾向があります。これに対して、時々しかご褒美を貰わなかった行動は、その行動を身につけるまでに時間がかかります。でも、いったん身につけると少々ご褒美がこなくてもやり続けます。ですから、良い行動を身につけさせようとする時には、はじめは毎回誉めてそれをできるだけ早く身につけさせ、身についたら、つまりやるようになってきたら、今度は時々誉めるようにするといった具合に、誉める回数を「毎回」から「時々」に切りかえていきましょう。

コラム　連続強化

心理学では毎回誉めるとかご褒美を出すことで行動を身につけるやり方を「連続強化」と呼んでいます。この方法を使うと、新しい行動を早く身につけることができます。これに対して、「ときどき誉めるやり方」を「間欠強化」と呼んでいます。この方法を使って新しい行動を身につけると、少しぐらい「誉める」というご褒美がもらえなくても、行動は持続する特徴をもっています。ですから、はじめは毎回誉める連続強化を使い、それで行動が身についたら、ときどき誉める間欠強化に切りかえるようにすることをお勧めします。

第7章　やって見せることはベストの教え方です

1　子どもは真似の天才です

私たちは言葉を使って自由に自分の意見を言うとか、気持ちを伝えることができます。でも、それはどうしてできるようになったのでしょうか？　私たちはどんな具合にして言葉を覚えたのでしょうか？

子どもが生まれたばかりの赤ちゃんの時から、お母さんはオムツを替えながら、産湯をつかわせながら、お乳を飲ませながら、「ママよ、ママよ」と言って話しかけてきました。ですから、世界中の赤ちゃんのほとんどが最初に話す言葉は「ママ」でしょう。まだ「ママ」と言えない時、言っていない時でも、赤ちゃんが「マー」とか、それに近い声を出しただけで、お母さんは「○○ちゃんがママと言った」と大喜びです。こうやって、子どもはまず「ママ」という言葉を真似し、次々に簡単な言葉を覚えていくのです。真似をさせる／真似をすることは、もっとも効果的で素晴らしい教え方ですし、また習い方なのです。

幼い子どもは、いつでもお母さんとお父さんを見ながら育っていきます。毎日、毎晩、子どもはじっと親を観察しているのです。そして、両親のようになろうとし、両親のようにやろうとしているのです。お母さんやお父さんは自分自身をご覧になって、外観だけではなく、言葉つきや癖、ものの見方、考え方、感じ方、それに価値観などが、皆さんの両親（つまり子どもから見るとお祖父ちゃんやお祖母ちゃん）のそれに似ていると思われませんか？　子どもは親を見て育ちます。お母さん、お父さん、責任重大ですね。

でも、真似をするのはお母さんやお父さんだけではありません。テレビをつければ、女らしさの特徴であるやさしさと繊細さ、男らしさの特徴である力強さやたくましさが、登場人物によって強調されます。それは大人向けのドラマだけでなくマンガや子どものテレビ番組に登場するキャラクターにも表れます。

真似をする相手と自分の性格や特徴が似ていれば似ているほど、相手の性質を取り入れやすいでしょう。お手本であるお母さんやお父さんを好きならば、それだけ真似しやすくなります。一方、子どものまわりの人たちも「お母さんそっくり」とか「お父さんそっくり」と言います。そうした言葉も、子どもが同性の親の真似をすることを強めます。

2　見せて教える

ガルウェイというアメリカのテニスのコーチは、彼の『インナーゲーム』という本の中で、こんなことを書いています。自分のテニススクールにきた生徒たちにいくらラケットの正しい握り方、ラケットの引き方、ボールへの近づき方、ボールの打ち方などをこと細かく説明して教えても、なかなか生徒は上手に打てません。ある時、彼は自分はいろいろなことをしゃべりすぎるし教えすぎるので、受講生が力んだり、ぎこちなくなっているのではないかと感じたというのです。そこで、彼は教え方の方針を変えて、「今から、私が一〇球ボールを打ちますから、皆さんそれを良く見ていて下さい。私が打ち終わったら、皆さんは私がやったようにボールを打って下さい」と言って、打ち方のお手本を見せたそうです。すると、このお手本の打ち方を見た初心者たちは、ことこまかく説明を受けた初心者たちよりも、はるかに上手にボールを打つことができたというのです。

そこでガルウェイは、「イメージは言葉にまさり、示すことは教えることにまさり、教えすぎは教えないことより劣る」という名言を、彼の本の中に書いたのです。コーチが生徒の身体の動かし方を、腕はこんな具合に上げて、手はこんな具合に返して、身体の上から斜め下に持ってくるようにと言ってこと細かく教えていると、選手は固くなって，自分の身体をうまく動かせなくなってしまうというのです。ですから、いろいろ言葉で説明して教えるよりも、お手本を見せる方がはるかに効果的であると説いているのです。

著者が関西学院大学のアメリカンフットボール部でボールを投げるのを教えた経験でも、上手な選手が実際にボールを投げているところを見せるとか、ビデオで名選手の投球フォームを見習うことは、とても効果的な教え方だということを痛感しました。「百聞は一見にしかず」と言いますが、まさにその通りです。

3　見て覚える（見習う）

バンデュラという心理学者は、こんな実験をしました。犬を怖がる子どもを集めて、二つのグループに分け、最初のグループには、こんな内容の映画を見せました。

① おとなしい犬を子どもが柵越しに触っています。
② よく訓練された犬が柵の外に坐っているのを、子どもが撫でています。
③ 子どもが犬と遊びながら、追いかけっこをしています。
④ 犬と子どもが横になって並んで、顔と顔をくっつけています。

そして、もう一つのグループの子どもには、犬が全く登場しない映画を見せました。それから、二つのグループの子どもに犬を近づけてみました。すると、犬と子どもが遊んでいる映画を見た子どもたちは、犬と遊ぶようになりました。でも、犬と子どもが遊んでいる映画の代わりに、犬が登場しない映画を見たグループの子どもは、相変わらず犬を怖がったそうです。バンデュラはこうした実験の結果をもとにして、こんな原則を発表しています。

① 良い行動を真似させたければ、いろいろな人が、できるだけ何度も良い行動をやって模範を見せましょう。
② 初めから難しいことを真似させるのではなく、簡単ですぐできるようなことから始め、次第に難しいことを見せ、それを順番にやらせていきましょう。
③ それぞれの段階ごとに、模範を見せるだけではなく言葉でも説明しましょう。そうすることが理解を深め、上達を早めることが多いようです。
④ 言葉だけでなく、手とり足とりどうすればいいかを教えましょう。
⑤ 子どもが上手にやれるようになったら、その度に、またそれぞれの段階ごとに誉めましょう。

4　自分に語りかける

第6章第9節で、区切って部分ごとにやらせることの重要性を指摘しましたが、ここでは計算をしている時の頭の中の思考の流れについて考えてみましょう。誰でも計算をしている時には、計算の過程をいくつかに区切って行っていると思います。そして、それは計算している人が自分自身に語りかけている例でもあるのです。計算をしている人が、それを意識しているか、していないは別として、すべての人が自分と対話しながら計算をやっていると思います。

34－19＝？といった計算問題が出たら、読者はすぐに15とお答えになるでしょう。でも、まだ計算に馴れていない子どもならば、「4から9は引けないな。困ったな。そうだ、隣から10を借りてこよう。そうすれば14になるから14－9＝5だな。さて、隣は30－10だ。でも、待てよ、さっき10を隣に貸してしまったから30ではなくて20だ。20－10＝10だ。そうだ答えは15だ」といった具合に、頭の中だけで計算ができなければ、口の中でもぐもぐ言いながら、計算するでしょう。この場合、子どもは自分自身と対話しながら、計算をしているのです。

お習字の先生が、字を書くのを教える時に、「ここは『ぐーんと』持ってきて。ハイ止めて。力を抜きながら、はねましょう」といった具合にどうするかを言って教えています。すると、生徒たちの中には、先生がいった言葉をそのまま言いながら筆を動かしている子どもがいます。まさに、自らに語りかけているのです。

また、お母さんの中には、子どもが学校から帰ってきたら、「靴をそろえて脱ぐ」「手を洗う」「ランドセルを机の上に置く」「洋服を着替える」といった具合に、何をやってほしいかを紙に書いて壁に貼っている人もいます。お母さんは、子どもがそれを読んで、「やるべきこと」を実行してくれることを願って書いたのでしょう。この場合、紙に書かれた内容を、子どもがお母さんと対話しているのか、あるいは自分自身と話しているのかはわかりませんが、一種の内的な対話が行われているのではないでしょうか？　いずれにしろ、子どもが帰宅して何をしなくてはならないかを思い出させるには有効な方法だと思います。

また、何か良いことをやったら、自分で自分を誉めるのは子どもでもやれることです。第10～11章で紹介するお約束表の「何をするか」という項目に○を付けるとかシールを貼る時、声を出しても出さなくても、子どもが「○○をやって、えらかったね」と自分自身に語りかけ、自分で自分を誉めることはとても有効な方法です。もちろん、子どもが自分自身を誉めるだけでなく、お母さんやお父さんが「○○ちゃん、□□をやって、えらかったね」と誉めると、お約束表の効果はさらに上がります。

5　子どもは親の真似をしながら女になり男になります

子どもが三歳ぐらいになると自分が「女である」「男である」ことを自覚するようになります。そして、性別の違いに関心を抱き、また性器について興味をもつようになって、そこを刺激するとか、男女の違いに興味を示すようになってきます。こうした幼児の性的な関心は両親を驚かせることがあるかもしれません。

また、この頃の子どもは性別に応じた言葉づかいや行いをするようになります。それはどんな服装をしたいか、どんな言葉づかいをするか、誰とどんな遊びをするかにも表れてきます。こうしたことを通して、女らしさや男らしさを身につけていくのです。そのため、この頃の子どもは、ものすごいスピードと勢いでお母さんやお父さんの真似をします。

そして、自分は女であるとか男である、お母さんは女でありお父さんは男であるといった性別の違いを意識するようになります。幼い子どもにとっては、多くの場合、お母さんはお乳をくれ、おしめを替え、湯船につけ、いろいろと世話をしてくれる人であったかもしれません。でも、今の時代には、お父さんもこうした世話をする家族も多くなってきているでしょう。育児を誰が担当するにしろ、こうした基本的なお世話と愛情が子どもの成長には不可欠です。ただ、子どもが三歳、四歳、五歳と成長してくると、子どもにとって、同性の親は子どもから見ると一種のお手本というかモデルであり、あこがれの対象であるに違いありません。同時に、異性の親は子どもの異性観に重要な影響を与えます。精神分析の創始者であるフロイトは、こうした現象をエディプス葛藤とその解消として取り上げています。

家族というのは、子どもにとって最初に経験する人間関係であり、小さいですが一つの社会です。その中で自分を育ててくれた親という存在は、子どもが児童期を卒業して思春期に入ると、これまでとは違って強い反発を感じたり、抵抗をしたくなったり、また時には否定しようとすることすらあります。これは子どもが親から独立して大人になるためには通らなくてはならない通過点というか関門のようなものだと思います。こうしたことを経験するためにも、両親はとても大切な存在なのです。

コラム　エディプス葛藤とその解消

　精神分析の創始者であるフロイトは、子どもが成長する過程で両親とどうかかわるかを重要視しました。子どもが三歳から五歳ぐらいになると、これまで母親にまとわりついていた女の子が「お父さん」に関心を抱くようになり、父親を独占したいという願望を抱くようになると考えたのです。一方、男の子は相変わらずと母親を独占したがるというのです。

　しかし、女の子が父親を独占したいと思っても、お父さんにはお母さんがいます。男の子が母親を独占したいと思っても、お父さんがいます。それで、女の子はお母さんのようになれば、お父さんのような人と結ばれると思うかのように、お母さんの真似をします。また、男の子は、お父さんのようになればお母さんのような女性と結ばれると思っているかのように、お父さんの真似をするようになります。

　異性の親に対する関心は小学生ぐらいの頃、いったんおさまりますが、思春期にまた頭を持ちあげてきます。しかし、幼い頃の異性の親への関心と違い、身体が大人になってきた思春期の子どもは、そうした衝動を消そうとします。女の子が「私の下着とお父さんの下着を一緒に洗わないでね！」と、父親を否定するかのような発言をしたり、男の子は、お母さんに反抗して、心理的な距離をおこうとします。でも、こうした衝動的な爆発は一時的なもので、やがて心理的な嵐は過ぎさり、女の子はお母さんのように、男の子はお父さんのように成長していきます。これがエディプス葛藤とその解消です。

重要だからこそ成長の途中の一時期には、子どもは親を乗り越えようとしたり、なんとかして追い抜き追い越そうと背伸びをしたりするのです。親に長い間甘え依存してきた子どもは、自立する前に、これまで親に甘えていた分だけ依存してきた分だけ、親のところから力強く飛び出さなくてはならないのかもしれません。幼い時から続いてきた親との強い結びつきを解き放つためには、とっても沢山のエネルギーを必要とするのではないでしょうか？

そのために、ある時は親を否定しようとしたかと思えば、離れる前に逆にもう一度親に甘えるといった、プラスとマイナスの気持ちが入り混じった複雑な親子関係が繰り広げられるのです。こうした、子どもの成長の過程を長期的な視野に立って見つめると、愛だけではなく、それは一時的なものでしょうが、怒りとか反感といった否定的な感情が表われてくることに気づきます。人間の気持ちは本当に複雑です。相反する感情が入り混じり、共存していることはきわめて当たり前のことです。それは、不思議なことでも何でもありません。人の気持ちというのは、プラスの気持ちや感情だけではなくマイナスの気持ちや感情も同時に存在しているものなのです。

第8章　誉め方とその注意点

1　上手な誉め方

前述したように、お母さんやお父さんが「○○ちゃん、□□をやりなさい」と言った時に、子どもがすぐにやったら、「すぐに」それを誉めて下さい。「すぐに」喜んで下さい。誉める効果は、時間の経過とともにどんどん薄れてゆきます、減っていきます。ですから「○○ちゃん、お手々を洗って、きれいになったね」「△△君、お花に水をやってくれてありがとう」といった具合にすぐに誉めることが大切です。誉める時には、何がよかったかを言って誉めることができると良いですね。

子どもの中には、親がやるように言ったことや頼んだことをなかなかやらない子どもがいます。でも、そんな子どもがたまにであっても頼んだことをやったら、その機会を絶対に逃さないで、すぐに必ず誉めて下さい。私たち親がよくやる失敗は、子どもが親の言いつけを守っても、それは親が言いつけたことだからやるのが当たり前と思って、誉めないでいることです。私たち親は頭のどこかで、子どもは親の命令したことを守るのは当たり前だと思っているのではないでしょうか？　でも、もし子どもが親の頼んだことだとか、やるように言ったことをやらなかったら、その時には、怒ったり、叱ったり、ぶつぶつ言います。そうです、子どもが親の言うことをきかない時には叱るのに、親の言うことを聞いた時、やった時には、やるのが当然と思っているようです。

でも、よく考えてみると、私たちは親が命令したことを子どもがやることを「当たり前だ」「やって当然」と考えているところに問題があるような気がするのです。ですから、親の言いつけを守るとか、親がやるように言ったことをやっても、多くの親は子どもが良いことをしたという認識がないか、あったとしても「親に言われたことは、やるのが当たり前」で、そんなことはいちいち誉める必要はないと思ったり、「家族の一員だからやるのが当たり前」と考えているのではないでしょうか？

2　すぐに誉めることができなかったら

子どもが良いことをしたら、すぐに誉めることが大切なことは、何度も説明してきました。でも、何かの都合ですぐに誉めることができない事もあると思います。そんな時には、後になってでもいいですから子どもを誉めて下さい。ただ、後になって誉める時には、直後に誉める時よりも念を入れて、お母さんやお父さんがなぜ子どもを誉めているか、何を誉めているのか、どこが良かったのか、なぜ良かったのかその理由を言って誉めましょう。

誉める効果は、誉められる直前にやったことと結びつきやすい性質をもっています。ですから、親は子どもが朝時間通りに幼稚園に行ったことを誉めているつもりでも、子どもは今誉めて貰っている直前に自分がやっていたことを誉めて貰ったと考えてしまう可能性があります。ですから、時間が経過してから誉める時には、面倒ですが「何を誉めているのか」を、特にいちいち言って誉めるようにして下さい。そうすれば、子どもは何を誉めて貰っているかがわかるでしょう。

お母さんやお父さんがお仕事から帰ってくるのは、多分子どもが寝てしまってからか、寝ていなくても良いことをしてから何時間も経ってからのことです。ですから、お父さん（お母さん）が子どもを誉める時には「〇〇ちゃん、お母さん（お父さん）のお手伝いをしてくれたんだね。すごい。お父さん（お母さん）嬉しい」といった具合に、何を誉めているのかをハッキリ言って誉めて下さい。お仕事を終えて、それから保育園に子どもを迎えに行き、そこで子どもが「こんないいことをしました」と保育士さんから知らされた場合、それから誉めるのですから、時間がずいぶん経過してからの話です。こんな時にも、面倒ですが何を誉めているかをいちいち言って誉めて下さい。

また、時間が経ってからでなくても、今子どもがやったことを誉める時でも、何を誉めているのかを、また、なぜ誉めているかを言って誉めることができるといいですね。たとえば、子どもがお片付けを手伝ってくれた時は、「〇〇ちゃんが、お片付けを助けてくれると、お母さんはご飯の支度にかかることができるから、とっても助かるわ」とか「自分の部屋をお掃除しておくと気持ちがいいからね」といった具合です。

なお、誉める時に「ながら族」は禁物です。お仕事や家事をしながら、子どもの方をろくろく見ないで誉めても、子どもはそれほど喜ばないでしょう。誉める時には、子どもの方を向いて子どもの目を見て、笑顔で、何が良かったか、どこが良かったのかを言って誉めましょう。

3　誉め言葉を豊富にしましょう

子どもが何か良いことをした時に、「良かったよ」「すごい」「えらい」「やった！」「素晴らしい」「素敵」といった具合に、子どもがやったことにふさわしい言葉で誉めることができたら最高です。もちろん、毎回同じ言葉を使って誉めたとしても、誉めないよりも誉める方が子どもはずっと喜びます。でも、できることならば、毎回同じ言葉で誉めるよりも、その場、その時、また何を誉めるかに応じて言葉を使い分けることができるといいですね。

しかし、いずれの場合も、お母さんやお父さんが子どものやったことをとっても喜んでいるということを、伝えることがもっとも大切なポイントだと思います。子どもがやったことを誉めるのならば、

「よくできたね」

「すごい」

「やった！」

子どもの良い状態を言ってあげるのならば、

「○○ちゃんは、頭がいいね」

「○○君、決まっているね」

「○○ちゃんは、思いやりがあるね」

「○○君は、きちんとしているね」

「○○ちゃんは、やさしいわね」


子どもに素晴らしいということを伝えるのならば、

「○○ちゃん、すてき」

「○○君、いちばん」

「○○ちゃん、かっこいい」

「○○君、最高！」

お母さんの気持ちを伝えるのならば、

「ありがとう」

「お母さん、嬉しい」

「お母さん、感動したわ」

と状況に応じて誉め言葉を使い分けて誉めると、その効果はより大きなものになると思います。

4　子どもがよくやることはご褒美に使えます

親の言ったことを子どもがすぐにやってくれればいいのですが、そうは問屋がおろしません。いくら親が「やりなさい」と言っても、子どもはなかなかすぐにはやりません。親のイライラはだんだん大きくなります。つい、怒鳴ったり、叱ったりというしつけのやり方が頭をもち上げてきます。

これは親にかぎりません。学校の先生だって、保育所の保育士だって同じことです。ある児童館の先生がこんなことに気づきました。子どもが部屋の中を走り廻ったり、大声で叫んで押し合いをしたり、椅子の取り合いをしている時間の方が、静かに座っている時間よりもはるかに長いということがわかりました。また、先生がいくら「お椅子に座りましょう」「静かにしましょう」と言っても、子どもたちは大声を上げて叫びながら、部屋の中を走り廻っているのでした。

そこで先生は、子どもがほんのわずかな間だけ椅子に座って静かにしていたら、その後は大声を上げて走り廻ってもかまわないことを子どもに伝えました。そして、本当に子どもが短い間静かにしていたら、部屋の中を大声をあげて走り廻ることを許しました。こうしたことを繰り返しながら、静かにしている時間を少しずつ延ばしていきました。そうして数週間のうちに子どもが長い時間じっと椅子に座っていることができるようになったのです。

このアイディアは嫌いなおかずをちょっと食べたら、好きなおかずを食べてもいいというやり方に似ていると思います。テレビばかり見ていて、宿題をやらない子どもに「宿題をやったら、テレビを

コラム　プリマックの原理

プリマックという心理学者は「滅多にやらない行動の後に、よくやる行動をもってくると、滅多にやらない行動が増える」という現象を発見しました。このことを彼の名前をとって「プリマックの原理」と呼んでいます。テレビばかり見ていて宿題をしない子どもに、「宿題をやったら、テレビを見てもよろしい」というやり方を使って子どもが宿題をするようになったのも、この原理の応用です。

見てもいいですよ」といった具合に、宿題をしない子をはじめ、いろんな場面で使うことができる方法ではないでしょうか？

5 「良い行動を増やす」対「悪い行動を減らす」

第5章16節でも指摘しましたが、良いことをしても親に認めてもらえないと、悪いことをしてでも親の注目を引こうとすることがあります。ですから、子どもに悪いことをさせないためにも、子どもが少しでも良いことをしたら、少しでも良くなったら、すぐに誉めて下さいとお願いしているのです。子どもに誉め言葉を沢山使いましょう。

子どもが良いことをしたのに、お母さんからもお父さんからも誉めて貰えないし、注目もして貰えなかったら、子どもはがっかりします。そして、子どもが悪いことをした時には、必ずといっていいほど叱ります。こうしたことを何度も経験すると、子どもは「お母さんやお父さんは、良いことをしても誉めてくれないし関心も示してくれないな。だけど、悪いことをした時には、お母さんもお父さんも必ず私（僕）の方を向いてくれる」と思うようになります。すると、悪いことをしてでも親の関心と注目を自分の方に引きつけようとします。そして、これでもか、これでもか、と悪いことを繰り返すのです。子どもがこんな状態になってしまったら、その扱いが難しいですね。悪いことを叱るのは比較的簡単なことですが、叱ることが悪い行動を助長しているとなると、どうやっていいのかわかりにくくなります。

こんな時には、どうやってほしいかをお母さんやお父さんがお手本を見せるという方法があります（第7章参照）。よく「百聞は一見にしかず」と言いますが、どうやるかを言葉で言うとわかりにくいものですが、やって見せると案外すぐにわかることがあります。ですから、まず親がやって見せ、それから同じことをやらせてみましょう。そして、子どもがちょっとでもやれたら、すぐに「やれたね」「やったね」「それは凄い」とちょっとオーバーに誉めて下さい。

良いことをしても誉めて貰えないし認めて貰えなければ、子どもは方向転換をして、今度は悪いことをしてでも親の注目や関心を引こうとします。ですから、そんなことにならないように、本書では、子どもの「良い行動」を誉めることをお勧めしているのです。つまり、良い行動を増やせば、悪い行動は減るという考え方を持って下さいとお願いしているのです。望ましくない行動、困った行動、悪い行動を減らそうとすると、つい叱ってばかりいるようになってしまいます。ですから、こんな具合に考えてみましょう。良い行動、望ましい行動が増えれば、当然ですが、悪い行動、望ましくない行動は減っていきます。

これは、野球で野手のエラーを減らそうとするのか、良いプレーを増やそうとするのかというのと同じことです。良いプレーの数が増えてくれれば、悪いプレーは自然に減っていきます。ですから、怒鳴ったり叱ったりして悪いプレーを減らそうとするよりも、誉めたり喜んだりして良いプレーを増やそうとする方が、チームの雰囲気は良くなるし、選手は喜んで練習をするようになります。どちらのコーチの仕方も、選手を上手にしようとしているのです。でも、選手の感じ方、選手の気持ち、選手の練習に対する態度はきっとずいぶん違うだろうと思います。良いプレーを増やそうとするやり方の方がチームや選手の雰囲気は明るくなるし、積極的になります。

子育てだって同じことです。子どもの悪いところ（行い）を減らそうとすると、叱ってばかりいるようになってしまいます。ですから、子どもの良いところ（行い）を増やそうと思えば、子どもがちょっとでも良い行動をしたら、ちょっとでも良くなったら、ちょっとでも上手にやれたら、ちょっとでもうまくなったら、すぐにそれを誉めましょう。喜びましょう。

「よくやれたね」「上手にできた！」「すごい」「すばらしい」といった誉め言葉を使いましょう。あるいは「○○君が□□して、お母（父）さんは嬉しい」と言って、子どもがやっていた困った行動の代わりに良い行動が増えてきたのを、お母さんとお父さんがとっても喜んでいることを子どもに言って下さい。伝えて下さい。もし、誉めることに抵抗があるならば、子どもの望ましいところをあるがままに言うだけでも結構です。それでも、子どもにとっては大きな励みになります。

6　ちょっとの進歩を大切に

ここで言う「良い行動」とか「望ましい行動」というのは、そんな大げさなものではありません。今までまったくスポーツをしなかった子どもならば、テレビでサッカーの試合を見ているだけでも体育の授業への第一歩ですから大いに関心を示したり誉めたりしましょう。「あ、○○君、サッカーを見ている。どっちが勝っているの?」といった感じで質問してみましょう。しょっちゅう喧嘩をする子どもならば、喧嘩をしていない、本を読んでいる、テレビを一人で見ている、ゲームをしているといった「喧嘩をしていない状態」を誉めましょう。もちろん、仲良くしている状態が理想です。でも、たえず喧嘩している子どもにいきなり、「仲良くしている状態」を期待することは難しいでしょう。そんなときには仲良くはしていないのですが、喧嘩をしていない状態を誉めることから始めましょう。そうすれば、喧嘩をしていない状態がまた起こる可能性が大きくなるにちがいありません。喧嘩をしていない状態が続けば、二人の間に「春が来て」やがて「雪解け」が起こるでしょう。それに、子どもにしてみれば、自分が今やっていることにお母さんやお父さんが興味や関心を示してくれるのは嬉しいに違いありません。

勉強でも、音楽でも、スポーツでもいっぺんに上達することは難しいことです。したがって、少しずつ少しずつ最終目標というか理想の姿に近づけていくことを本書では強調しているのです。ずいぶん気の長い話のようですが、子どものしつけにも「急がば回れ」は有効な考え方です。

大抵のお母さんやお父さんは子どもが何か素晴らしいことをやるとか、すごく大きな変化が起こったら誉めようとしているのではないでしょうか?　でも、そんな大きな変化、劇的な改善は、そう簡単には起こりません。「少しずつ」の原則を思い出して下さい。残念ながら、変化というのはごくわずか、しかもゆっくりとしたスピードでしか起こらないことが多いのです。

ですから、ちょっとした進歩であっても誉めましょう。喜びましょう。良い行動はもちろんですが、良いとは言えませんが「悪くない」行動であればそれを増やすことを奨励しましょう。誉めましょう。良い行動を増やすのはもちろん大事です。それに加えて「悪くない行動」を増やすことで、悪い行動を減らすことができると思います。消極的なようですが、少しずつ良い行動や悪くない行動を増やしていって、その結果として悪い行動や望ましくない行動を減らそうというわけです。

たくさんの親が子どもの悪い行動を減らそうとして、叱ったり、叩いたりしています。しかし、多くの場合それではうまくいかないで困ってしまいます。何度も言いますが、良い行動を増やせば悪い行動が減るのは当然ですが、「悪くない行動」（誉めるほどではありませんが、叱るほどでもないと思うような行動）を増やしていけば、「悪い行動、困った行動」は減っていきます！　はじめから完璧を狙わないで、「悪くない行動」でも大切に増やしていきましょう。一歩一歩、少しずつ、進めていきましょう。

そのためには、子どもが「良い行動」をしていたら、また、「悪くない行動」をやっていたら、「よくやっているね」「えらいね」と言って誉めましょう。もちろん、「悪くない行動」はベストの行動ではないですから、それを「しょっちゅう」やるようになってきたら、少しずつ要求水準を上げていかなくてはなりません。そして、悪くない行動を増やしていき、悪い行動をだんだんと減らし、やがては良い行動を増やすレベルに移行していきましょう。ちょっと面倒なようですが、これまで「良いこと」をやろうとしたこともなかった子どもが、いっぺんに「良いこと」ばかりをするようになるのは非常に難しいし非現実的なことだと思います。ですから、「完璧に良い行動」ではなくても、ちょっとでも「良い行動」に近づいたならば、それをすぐに誉めましょう。

テレビばかり見て、勉強を全然しなかった子どもならば、いっぺんに勉強をすることは難しいでしょう。ですから、机の前に坐っただけで「あ、机の前に座っている。えらいね」と言って、まず机の前に行くことを誉めましょう。この状態では、まだ勉強をしていないのですが、机に向かって勉強する前段階に入ったと考えてもいいでしょう。今まで、全く勉強もしない、机にも向かわなかった子どもが、机の前に座ったのです。これまで、「勉強をしなさい」と叱られてばかりいた子どもが、叱られないで「誉めてもらえる機会がやってきた」と考えましょう。

7　誉めたけど効果がない時には

大勢の両親から「誉めたけど、効果がなかった」という声を聞きます。そうです。残念なことに、一回誉めただけではあまり効果があがらないことが多いのです。ですから、やめさせたいような行いが少しでも減ったら、つまり少しでも良くなったら、そのことを大いに喜び、すぐに誉めて下さい。子どもがいっぺんに、親が望むように完璧なかたちではやれないと思います。でも、ほんのちょっとした変化でも、それは改善の第一歩であることに気づいて下さい。子どものちょっとした進歩と変化を喜んで下さい。そして、子どもを誉めて下さい。子どもが少しでも良い行動、望ましい行動、ちょっとでも改善が見られたら、面倒くさいでしょうが、その度に、毎回誉めましょう。そして、やがて望ましい行動をするのが当たり前のようになってきたら、要求水準を少しだけ上げてみましょう。前よりも、ほんの少しだけでも良いことをするようになったら、それを誉めるようにしましょう。

「誉めたけど、ちっとも良くならない」という両親に共通するのは、誉める回数よりも、叱る回数の方がずっと多いという点です。私たちは叱ったらいけないとは言っているのではありません。先程も述べましたが、ただ、叱る効果はすぐに現れますが、その効果は長続きしないという欠点をもっていることをわかっていただきたいのです。でも、叱ると、怒鳴ると、その時は「すぐに」悪い行動が止まり、騒ぎが静まるという変化が現れるので、ついまた叱ってしまうのです。でも、叱ってばかりいると、子どもは親を「うるさい」とか「怖い」と思うようになります。そして、親を避けるとか嫌がるようになってしまいます。そして、親の言うことをきかなくなります。また、叱るだけというしつけは、長い目で見ると親子関係を悪くするという大きな代償を払わなくてはならないということを覚えて置いて下さい。

8　知らずに困った行動を強めていませんか

誰でも親は子どもの良い行動を増やし、悪い行動を減らしたいと思っています。ところがうっかりすると、やめさせたいとか減らしたいと思っている行動を増やしてしまっていることがあります。第

6章第4節でも説明しましたが、良くない行動にご褒美を出すと、子どもはかえって困った行動をよりしてしまいます。次の三例は、皆さんにも思い当たる節があるのではないでしょうか？

お母さんが仕事をしているときに、子どもが「お母さん遊んで」とやってきました。そこでお母さんは、仕事をするのをやめて、子どもと遊びました。子どもはとても喜びましたし、お母さんも子どもと遊ぶのを楽しみました。何度かこうしたことを繰り返している間に、子どもはお母さんに「遊んで」と言えば、いつでも遊んで貰えると思ってしまったのでしょう。

ある時、また子どもがお母さんに「遊んで」と頼みました。でも、この時お母さんは、晩ご飯の用意をしていたので、「○○ちゃん、今は晩ご飯を作っているから駄目よ。忙しくないときに遊びましょう」と言いました。でも、子どもは引き下がりません。「お母さん、遊んで！」と大きな声で泣き叫びました。マンションの隣部屋への騒音を気兼ねしたお母さんは、お料理を中断して、子どものところへ行って一緒に遊びました。こんなことが何度かあってから、子どもはお母さんに遊んで貰えないと、すぐに大声で泣き出すようになってしまいました。子どもが泣いて頼むとお母さんは子どもの要求に応じてしまったからです。ですから、子どもはこの次も泣いて要求を通そうとするに違いありません。

五歳の○○ちゃんは、ご飯を食べる時にいっぱいこぼします。お母さんは「こぼさないで食べなさいよ」と言って、お箸の使い方やお茶碗の持ち方を教えるのですが、なかなか上手に食べてくれません。きょうもご飯粒を顔いっぱいにつけてしまいました。それを見てお父さんが「○○ちゃんが、顔にいっぱいご飯粒をつけてかわいいから写真をとっておこう」と言って何枚も写真をとりました。お母さんは○○ちゃんにご飯粒を顔につけないように注意するのですが、その一方でお父さんが写真をとることで、ご飯粒をつけることに注目と関心というご褒美を出しているのではないでしょうか？

お母さんが子どもに「お手伝いをしなさい」と言いました。でも、子どもがブツブツ言ったので、お母さんは自分ですました方が簡単だと思って、一人で全部やってしまいました。それ以来、お母さんが子どもになにかするように頼んでも、子どもは「いや」と言っていいつけをやろうとしないのです。ぶつぶつ言ったり、文句を言えば、お母さんの言いつけをのがれることができるという経験をしたからに違いありません。

第9章　上手な叱り方

1　私たちはすぐ叱ります

多くの親たちはよく叱り、たえず注意し、しょっちゅう子どもと言い争いをしています。そして子どもの困った行動の程度からすると、厳しすぎるような罰を与えていることがあるかもしれません。宿題をしなかったらといって叩いたり、食事を与えなかったりするようなことはないでしょうか？　また、しょっちゅう子どもに同じことを注意しているかもしれませんね。また逆に、子どもと喧嘩になるのが嫌なので、子どもの言うことをなんでもハイハイと聞いてしまっているお母さんやお父さんもいるかもしれません。

でも、叱れば叱るほど、かえって子どもの困った行動が増えてくることがあります。それでも、子どもの困った行いを直すには「叩く」しか方法がないと信じている親もいます。たしかに、罰には即効性があります。ですから、つい罰を多用するようになりがちなのです。たとえば、子どもが騒いでうるさい時に、親が「うるさい。静かにしなさい！」と怒鳴ると、子どもはすぐに静かになります。ただ、問題は、その静けさは一時的なもので、またすぐ騒ぎ出すのです。すると、親はまた怒鳴ります。怒鳴る度に静かにしている時間はだんだん短くなっていきます。それでも、怒鳴ったらすぐに静かになったので、多くの親は「怒鳴った」ことの効果があったと思ってしまうのでしょう。少なくとも子どもがすぐに静かになったので、また大きな声をあげるのです。子どもが騒ぐという不快な状況がなくなったので、また怒鳴るわけです。しかし、こうした叱る効果には持続性はありません。しばらくすると、また騒ぎ出すといった悪循環が始まるようになります。

親の中には、子どもが親のいうことを聞かないと、すぐに子どもを叩く人がいます。こういう親は、心の奥底で自分が親としての役目をきちんと果たしていないのではないかという不安があるのかもしれません。そうした不安を振り払うために「叩く」という手段を使っているのでしょう。あるいは、暴力的な手段をつかう親は、それ以外のしつけ方を知らないのかもしれません。ことによると、自分が幼いときから「叩く」というしつけを受けて育ったのかもしれません。そのため「叩く」という方法以外のしつけ方を経験する機会がなかったのかもしれません。親の育て方やしつけ方が不適切なものであっても、子どもは自分の親のやり方しか知らないわけですから、自分の親のしつけ方が悪いとか間違っているとは考えないのです。ですから、自分が大人になり、結婚して子どもができると、自分が育てられたように子どもを育てる傾向があるようです。

2 叩かれた子どもは

いつも怒鳴られたり、けなされたり、叩かれたりした子どもは、やがて自分が扱われたのと同じように他者を扱うようになります。たいていの場合、そうした子どもはそれ以外の対人接触の方法を知らないことが多いからです。また、暴力を振るわれた子どもは、「僕（私）が悪いから殴られるのだ」といった、自分について悪いイメージをもちやすいと考えられています。

物理学の世界には作用・反作用という現象があります。この現象は物理の世界だけではなく、一般の人間関係にも当てはまります。暴力を振るわれた人は、暴力を振るった人に対して怒りや憎しみを感じはじめ、やがてそうした否定的な感情を相手にぶつけるようになります。こうした感情は親子の間でも起こります。子どもだけではありません。親も、自分たちが止めさせようとしている行動を、子どもが止めるとかあきらめるどころか相変わらず続けると、意地を張って続けているかのように見えてくるのでしょうか、だんだん腹が立ってきます。

また、罰というのはいったん使い始めるとどんどん激しくなっていく傾向というか特徴を持っているようです。一つのお仕置きなり罰を使ってみて、その効果がないと、これでもかこれでもかと次々ともっと激しい罰を使うようになっていきます。それがやがて、殴るとか叩くといった暴力的な罰に発展していくことが少なくありません。

3　誉めるのも罰も「行い」に見合った程度で

ご褒美も罰も、よい行動あるいは悪い行動をしたらできるだけ早く与えることが効果的であるということは、これまで何度も指摘しました。特に幼い子どもは時間が経つと前にやったことを忘れてしまって、何を誉めて貰い、何を叱られたのかわからなくなってしまうことが少なくありません。ですから、「すぐに」誉める、「すぐに」叱るというのが一般的な原則です。

もう一つ気をつけたいのは、ご褒美も罰も子どものやった良いこと悪いことの程度に見合ったものであってほしいということです。ちょっと良いことをしただけなのに、あまりにも大きなご褒美をあげるのはどうかと思いますし、甘やかしにつながります。また、逆にちょっと悪いことをしたからといって、厳しすぎる罰を与えるのも考えものです。もちろん、「適度」といっても一人ひとりのお母さんお父さんあるいは家庭によって、その基準が違うだろうと思います。ただ、原則的には、ご褒美として効果がある範囲内で、できるだけ小さなご褒美で大きな効果を上げるのがベストだと思います。そして、同じことが罰にもいえると思います。ただ、効果があるからといって同じご褒美や同じ罰を、いつでも使っているとその効果がいつの間にかすり減ってきますから、時々バラエティに富んだかたちにすることを考える方が良いと思います。

家庭によってその基準というか目安はいろいろ違うと思いますが、小さなご褒美と小さな罰で、最も大きな効果をあげるには「宿題をやり終えたら、テレビを見てもいいですよ」とか、「犬を散歩に連れていったら、遊びに行ってもいいよ」と言った感じのことを、前もって子どもに言っておくといいでしょう。

こうした簡単な「しつけ」がうまくいっていない状況を見ると、「よく叱り、よく罰し、ほとんど誉めていない、ありがとうとか感謝の言葉をほとんど言っていない」のではないでしょうか？　子どものしつけには時間がかかります。しつけに即効性のある方法はありません。辛抱が必要です。辛抱がないと、つい急いでしまい、その結果、罰にたよります。そして、これでもかこれでもかと罰がきびしくしていきます。すると子どもは萎縮しますし、親を避けるようになってしまいます。ことによると反抗するかもしれません。

そうした状態に陥るのを防ぐには、「どんなことをしたら、誉めてもらえるか」「どんなことをしたら、叱られるか」ということを子どもに教えるだけでなく、親もはっきりと、具体的にそのルールを理解しておくことが大切だと思います。特に、叱る時のルールのようなものがあれば、ちょっとした悪いことに、大きな罰を与えるといった失敗を避けることができると思います。また、あるときは誉めて、別の時には同じ行動を誉めないのは一貫性がありません。また、ある時は叱って、別の時には叱らないといった接し方もなくしたいものだと思います。

4　上手な罰の使い方

どんな子どもでも、時には親の嫌がることを言ったり、やったりします。また、親がやるように言いつけたことをやらないことがあります。こんな場合には、罰の使用を考える時だと思います。

おおざっぱに言って、罰には、子どもが好きなものを取り上げるタイプのものと、嫌なものを与えるというタイプの二通りがあります。前者は、兄弟がテレビのチャンネル争いをしていたら、「テレビのことで喧嘩をするのなら、一時間テレビは見られませんよ」と言って、テレビを見る権利を取り上げるといった形というかタイプやり方です。また、こんな時には「テレビはありませんよ」と否定形の言葉をつかうよりも、「○○と△△が仲直りをしたら、またテレビをつけてあげますからね」と肯定的な表現を使う方が、子どもに明るい感じを与えて、「よし、やろう」という気持ちを起こさせるのではないでしょうか？

もう一つは、罰として、部屋のお掃除をさせる、家事の手伝いをさせるといった、子どもにとって嫌なことをさせるという形のものです。簡単な例では、洗面所を水浸しにしたならば、「○○君、濡らした床の水を全部拭きなさい」と子どもが汚したところを自分で掃除させましょう。これと同じように、洋服を床の上に脱ぎっぱなしにしていたら、自分で拾ってハンガーにかけるとか洗濯物を入れるカゴに持って行かせて、後始末をさせましょう。こうした「子どもにとっては、嫌なことをするタイプの罰を使う場合には、子どもが悪いことをする前に、親が子どもと話し合って、やるべきことをしなかったらどんな罰が適当かを話し合っておくことをお勧めします。親と子どもが前もって話し合い、納得していれば、親が「罰として○○しなさい」と言ったときに、比較的スムースに罰を与え、子どもに罰を実行させることができると思います。

　そして、子どもが罰として掃除をするとか後始末をしたならば、子どもがよくやったことにお礼を言い、また元の状態に戻っていいことを笑顔で伝えましょう。

5　注意するときは具体的な言葉で

　子どもに何かをやらせようと思えば、子どもが自分は何をすればいいのかをはっきり、具体的に、思い描くことができるような言葉で伝えることが大切です。そして、言うだけでなく一度練習というかリハーサルをしておくといいですね。「道で近所のおばさんにあったら、『こんにちは』と言って挨拶しましょうね。一度、お母さんと練習をしてみない。練習をしておくと、近所のおばさんだけでなく幼稚園の先生にも上手に挨拶ができるでしょう」とリハーサルの理由を説明して、それから練習をすることがとても大切だと思います。

「いいですか。まず、お母さんがお手本を見せますからね。お母さんが○○ちゃんの役ですよ」と何をやるかを説明しましょう。そして「こんにちは」と言ってお辞儀をして子どもにどうやるかを見せましょう。そして、「今度は〇〇ちゃんの番ですよ」と言って子どもにどんな風に挨拶をするかを練習させましょう。ただ、言葉だけでああしなさい、こうしなさいと言うだけでなく、言葉で言って、説明して、それと同時にお辞儀をする練習をしておけば、いざ実際にお客様に挨拶をする時にスムーズにやれることが多いと思います。

普段からお母さんやお父さんとどうやるか、どう言うかをリハーサルでやって練習をしていれば、実際の場面でもかなり上手に挨拶ができるようになると思います。それでも子どもが挨拶を忘れたり、固くなったり、もじもじしていたら、お母さんやお父さんが「挨拶しましょう」と子どもに一声かけて下さい。そうすれば、それがきっかけになって子どもは割合スムースに挨拶ができると思います。それでも、挨拶が難しいような場合には、「〇〇ちゃん、お母さんと一緒に挨拶しましょう」と言ってから、子どもと一緒にお客様に「いいですか。イチ、ニー、サン、こんにちは」とかけ声をかけて言うようにしましょう。そして、子どもが挨拶できたら、まだ完全でなくても、やれた部分を言って誉めましょう。声が小さくても、お辞儀ができていたら、「ちゃんとお辞儀ができましたね」とお辞儀ができたことを誉めて下さい。こうしてやれたところやできたところを誉めていれば、やがて子どもは声を出して挨拶ができるようになっていきます。何事も、初めから完璧にはできません。挨拶をするのも少しずつ、です。

リハーサルは新しい行動の準備に使われることが多いと思いますが、子どもが間違ったこと、悪いことをした時に、こういうことは悪いことですから止めましょう。これからはこういう具合にやりましょうねと、正しいやり方をやって見せて、それから子どもにやらせることがとても有効です。ただ「こんなことをしては駄目じゃないの」と叱るだけではなく、どうやればいいかをリハーサルさせるわけです。

6　子どもの気持ちを理解し親の気持ちを伝えましょう

子どもの困った行動をやめさせようとすると、つい子どもを叱ってしまいます。もちろん、叱ることが必要な時もあります。でも、叱られる子どもも嫌でしょうが、叱る親だって不愉快になります。ですから、本書では悪いこと（やってほしくない行動）を減らそうとすることも大切ですが、それ以上に、困った行動の反対である良い行動（やってほしい行動）を増やすことをお勧めしているのです。良い行動が増えれば、当然ですが悪い行動は減っていくからです。

たとえば、宿題を一度もしたことがなかった子どもが宿題を一回すれば、やらなかった回数は一回減ります。寝坊をして、朝なかなか起きてこられなかった子どもが、一回時間通りに起きてきたら、寝坊の回数は一回減ります。つまり、悪い行動や困った行動を減らす一番いい方法は、悪い行動や困った行動の代わりになる良い行動を増やすことなのです。

時には、子どもが悪い行動や困った行動をしたら、お母さんやお父さんがそれをすぐに注意しなくてはならないとこともあると思います。お母さんやお父さんも子どもが遊びに行って帰りが遅くなった時には、つい「今何時だと思っているのよ！」「ご飯の時間をとっくに過ぎてしまっているでしょう！」「あれほどご飯の時間までに帰ってきなさいと言っておいたのに！」と怒鳴ってしまうことがあります。親が怒鳴る気持ちはよくわかります。

ただ、たいていの場合、この怒鳴るというやり方の結果は、お母さんやお父さんの怒りや不満の発散に終わるだけで、子どもの行動の改善にはつながりません。それどころか、子どもが反発して困った行動がかえって激しくなるとか、親子の間に怒りや不快な空気がただようだけに終わってしまうようです。

ですから、子どもを叱るとか注意する前に、お母さんやお父さんが子どもの気持ちをわかっているということを子どもに言ってから、子どもに注意する方が良いようです。「○○ちゃんがお友だちともっと遊びたい気持ちはわかるよ。でも、いつまでも待っていたら、ご飯の時間が遅くなってしまうから、お母さんは困るのよ」といった具合にお母さんがどう感じているか、どんな具合に困るのかを伝えることが大切な鍵だと思います。

次に、子どもに何を、どうやってほしいかを説明しましょう。「○○ちゃん、うちのご飯は六時半だから、六時一五分にはお家に帰ってきておいてね。早く帰ってこないと、みんなで○○君が帰ってくるのを待っていなくてはならないから、お腹が減ってしまうのよ」といった具合です。こうしたことは子どもが友達のお家へ遊びに行く前に話して（言って）おくと効果的です。また、友達のお家に着いたら、そこのお母さんに「僕は六時には帰りたいので、時間がきたら教えてちょうだい」

とお願いさせておくのもいいでしょう。あるいは、お母さんが子どもにことわって、友達のお母さんに電話をして「ご面倒ですが、六時になったら子どもを帰して下さい」とお願いしておくのもいいでしょう。こうしたことをすることで、子どもがお母さんとの約束を守りやすくすることができると思います。

この場合、子どもが友達のお母さんに「帰る時間を教えてちょうだい」と言えないならば、子どもが遊びに行く前に、お母さんが子どもに何をどう言うかを一緒に「○○君は、□□君のお母さんよ、お母さんが○○君よ。いま□□君のお家に着いたところからよ」と、次のようにリハーサルするのも良い考えです。

（お母さんが○○君になって）「小母ちゃん、僕は六時になったら帰りたいので、六時になったら教えてください」。

（○○君は□□君のお母さんになって）「わかりました。六時になったら教えてあげましょう」。

（○○君が自分自身になって）「小母ちゃん、僕は六時になったら帰りたいので、六時になったら教えてください」。

（お母さんが□□君のお母さんになって）「わかりました。六時になったら教えてあげましょう」。

7　どこが悪かったかを言って叱りどこが良かったかを言って誉める

親子でキャッチボールをしている時でも、「ナイスボール」「ナイスキャッチ」と親に言って貰うのと、「受けて当然」だからといって何も言って貰えないのとでは、子どもの喜び、嬉しさ、張り合いに大きな違いが出てくるのは当然です。また、ボールをとれない時でも、「惜しかったね」「もうちょっとで捕れたのに」と言って貰えるのと、「そんなボールが捕れないのか！」と言われるのでは、子どもの楽しさ、喜び、嬉しさに大きな違いがあるに違いありません。近所の公園へキャッチボールに行く時には、二人ともとても楽しそうだった親子が、帰りにはふくれ面をして帰るのはよく見る光景です。

私たち親は、大人の視線（標準）で子どもを見ていることが多いのではないでしょうか？　誉めることへのよくある抵抗の原因は「そんなことで誉めていると、子どもがつけあがる」「そんなことで誉めていると、子どもになめられる」「そんなことで誉めていたら、子どもは今の状態に満足してしまう」などなど沢山あります。

子どもだけではありません。大人にとっても、自分のあり方を変える（という）ことは結構難しいことだと思います。でも、先程も述べましたが、親は子どものことになると、ついせっかちになり、いっぺんに大きく変わり、大きく進歩することを要求してしまいがちです。でも、子どもにとって、親の要求を実行するのはとても難しいことなのです。たとえば、子どもの学校での成績というのは、毎日の努力の積み重ねです。ことによると今学期の成績を上げるには、この一学期だけではなく、先学期からあるいはそれ以上長い間の努力が必要かもしれません。また、科目によっては、その学期や学年の勉強の成果を成績の上に反映させるためには、その前の段階でもっと基礎的なことを習っておくとか勉強しておかなければならないかもしれません。でも、そうしたことを実行するのは、口で言うのは簡単ですが実際にやるのはとても難しいことだと思います。

多くの子どもにとって、また大人にとっても、勉強でも音楽でもそして仕事でも、何度も練習し準備をしておくことが大切であることはわかっているのです。でも、基礎的なところを何度も何度も「やり続ける」ことは、単純作業のようなもので飽きてしまいます。それに、疲れも出てきます。一方、上達というのは、子どもが長い間努力を続けて、はじめて「成績があがる」「ピアノの演奏が上手になる」といった目に見えた変化や進歩があらわれてくるのです。でも、長時間、勉強や練習を続けることは大変です。本当に難しいですね。

ですから、勉強や練習をする過程を、もっと短く区切ってみてはどうでしょうか？　一学期とか一年といった長い単位ではなく、今日の一日、今の一時間、三〇分間、一〇分間といった具合に短く分けて（区切って）みましょう。そして、その短い時間の中で、子どもがどんなことをしたか、どういう具合にやったかをチェックするのです。やれているところを見つけて、それを言葉に出して言いましょう。できれば、誉めましょう。仮に一〇分間にやったことの全部がうまくできていなくても、どこか部分的にでも上手く正しくやれているところがあれば、それを指摘し、誉めましょう。「ここは、上手くできているね」「ここは良かったね」といった具合です。

私たち親がよく子どもに言う「しっかりやりなさい」「頑張りなさい」といった類の言葉はあまり役に立ちません。なぜかというと、こうした言葉には具体性がないからです。子どもに何かをやらせたい時には、何をどんな具合にやってほしいかといった形で言いましょう。そして、ちょっとでもやれたら、すぐに、毎回、一貫性をもって、「良くやれたところ」を指摘しましょう、誉めましょう。誉めるのは大きなこと、立派なことでなくてもよいのです。子どもがやったこと、やれたこと、やろうとしていることを取り上げて、それを言うだけでもずいぶん効果があります。

結果が良ければ、完全にできていれば「算数の問題が解けたね。えらいね」と言えます。でも、答えが間違っていても、途中までやれているならば「ここまでやれたんだね」とか「ここの所はうまくできていたよ」と言えるのではないでしょうか？　成功というのは、細かな努力、小さな達成のつなぎ合わせだと思います。その一コマ一コマを大切にしましょう。全部やれていなくても、一区切りができたらそれを誉めましょう。励ましましょう。子どもがやっていることを、またちょっとでもやれたところを言うだけでも、素晴らしい励まし方だと思います。

あなたは、子どもが誉めるに値するようなことは何もしていないと思うかもしれません。そんな時には、子どもが何かがちょっとできるようになるまで待ちましょう。何も始めから終わりまで、全部できなくても「どこか一部分」でもやれたらそこを誉めましょう。お母さんやお父さんはあわてないで、子どもが「やれるようになるまで」いいえ「やろうとするまで」待ちましょう。まだ、やれていなくても、やろうとしたら、すぐにそれを誉めましょう。言葉で誉めなくても、子どもの方に顔を向けてにっこり微笑む、あるいは今子どもがやっていることについて質問をするだけでも親の注目、関心、賞賛を伝えることができると思います。

8　困った行いをやめさせる

子どもの困った行いをやめさせるには、前述したように、まず何が、なぜ悪いのかを説明するところから始めましょう。たとえば、ご飯の前に手を洗わないという問題ならば、まず「手を洗ってからご飯を食べないと、お口の中にいっぱい汚い物がはいってしまうでしょう」と、なぜ「手を洗わないといけないか」を説明しましょう。次に、「汚い手でご飯を食べたら、デザートはありませんよ」といった具合に、どんな罰が与えられるかを付け加えましょう。この場合、子どもが困ったことをやってから「どんな罰が与えられるか」を言うだけでなく、前もってこんなことをした時には、こういう罰を与えますよということを子どもに説明しておくことが大切です。

ですから、デザートが欲しかったら、まず手を洗ってからご飯にしましょうということを、子どもに言っておくことが必要です。そして、お母さんが子どもに手を洗う練習をさせましょう。この時に、お母さんが石けんをつけて、自分の手にあぶくをいっぱいつけて洗う見本を見せるのもいいでしょうし、子どもと一緒になって洗うのもいいでしょう。そうすれば子どもはどうやって手を洗うことを覚えるに違いありません。

親が叱ったり怒鳴ったりすると、子どもも興奮して腹を立てたり反発をします。ですから、何をどうやってほしいかを丁寧に説明し、親が一緒になって練習をすることが大切です。まず、一つのことをやれるようにしましょう。いっぺんに二つも三つもやらせようとすると、子どもはとまどったり、混乱したり、重荷に感じたりしてやれなくなってしまいます。「急いては事を仕損じ」ます。

9　子どもの気持ちを傷つけずに親の意見をきちんと伝える

子どもが悪いことや困ったことをした時には、子どもの気持ちを傷つけないで、子どもに「何を、どうやってほしいか」を「はっきり」伝えることができるといいですね。親の中には、相手が子どもであっても、不必要な遠慮をしてしまって、考えていることや思っていることをはっきりと言えないで、イライラするとか自己嫌悪に陥っている人も少なくありません。

たとえば、子どもに「駄目ですよ」「それはやったらいけません」「それはよくないことです」といった簡単なことが言えない人がいます。そうかと思うと子どもをすぐに叩くとか、必要以上に厳しく叱りつけて、子どもを泣かしているお母さんやお父さんもいます。それでいて、後になって、どうしてあんなに厳しく叱りつけてしまったのだろう、なぜあんなことを言ってしまったのだろうと後悔するのです。こんなシーンを想像して下さい。兄が妹をからかいはじめた時に起きると思われるお母さんの対応についてです。

①　お母さんは、兄が妹をからかうのを見ても何も言わずに放っておき無視しました。兄の「からかい」はだんだんひどくなって、とうとう妹は泣き出しました。それでも、お母さんは「そんなことをしたら駄目でしょう」と言っただけでした。後になってお母さんは「なぜ妹が泣き出す前に、兄が妹をからかうのをやめさせなかったのだろう」と後悔し、自分は駄目な母親だと自己嫌悪に陥りました。

②　お母さんは「妹をいじめたら駄目じゃないの」と大声でどなり、頭を叩きました。妹も泣き、兄も泣き、とうとう家のなかは泣き声のコーラスのようになってしまいました。

③　お母さんは、兄が妹をからかいはじめた時に、兄に「お兄ちゃん、今日は良いお天気だから、公園でお友だちがサッカーしているから、行ってみたら」と言いました。そして、妹には「お母さんがクッキーをつくるから、手伝って」とお菓子づくりに誘いました。こうして、お母さんは兄弟げんかが始まる前に、二人を切り離したのです。

最初のお母さんは自分の気持ちや考えを相手に伝えることができない「消極型」のお母さんです。こういうお母さんは、子どもの気持ちを傷つけないようにしながら、子どもにやってほしいことをはっきりと伝えるようにしていただきたいと思います。この場合、兄に「お兄ちゃん、妹の○○ちゃんをからかうのはやめなさい」ときっぱり言ってほしいのです。もし、それが難しいと感じるお母さんは、「お兄ちゃん、妹をからかうのはやめなさい」という文章を紙に書いて、それを何度も読み返して下さい。やがて読まなくても言えるようになってくると思います。読まなくても言えるようになってきたら、今度は実際に子どもに向かって言ってみましょう。この場合、子どもに近づき、子どもの目をみて、はっきりとした声で言いましょう。はじめは難しいと感じるでしょうが、次第に言えるようになってくると思います。

第10章　子育てに役立つ三つの魔法

1　リラクセーション法

（1）腹が立ったら、リラックスしましょう

私たちは腹が立ったり、怒ったり、不安になったり、緊張すると、身体の筋肉が固くなります。ですから、逆に身体の筋肉をリラックスさせると、身体だけではなく心もリラックスできるのです。

まず、不安を感じて緊張した時に、自分の身体の中でどんな反応が起こっているか、自分をよく観察して調べてみて下さい。観察してもわかりにくいところもあるかと思います。そんな時は、自分でよく考えてみて下さい。誰でも気づくのは自分の心臓がドキドキしてくることだと思います。鼓動が速くなってきます。速くなるのは鼓動だけではありません。呼吸も速くなってきていませんか？　肩や首の筋肉が固くなります。人によっては、手足が冷たくなるとか、冷や汗がでることもあるでしょう。血圧も上がってきます。

このうち、自分の意志で変えることができるものはどれでしょうか？　心臓がドキドキするのは、自分がいくら努力しても変えることは難しいと思います。冷や汗をかいているのを止めることはできません。でも、呼吸はどうですか？　呼吸が速くなったら、深呼吸をすることで呼吸を整えることは可能です。筋肉の緊張ならば、一度筋肉に力を入れておいて、それから力を抜くことで、リラックスすることができます。こうしたリラクセーションの動きを日頃からやっていると、腹を立てたり困ったりして、心の中で緊張を感じた時に、そのいくつかをやるだけで緊張をゆるめることができます。

たとえば、お母さんが子どものことで怒りや不安を感じたら、深呼吸をしてみましょう。目をつむって、レントゲンで胸部の写真をとる時のように、胸いっぱいに空気を吸い込んで下さい。そして、五秒間息を止めてください。それから、ゆっくり息を吐き出しましょう。息を吐いてから二〇秒ぐらいの間は、目をつむったまま静かにしていましょう。これを何回か繰り返してやってみて下さい。きっと気持ちがしずまると思います。ふだんからやっていると、子どものことでカッとなったときに、この深呼吸を二～三回やっただけで気持ちが落ち着きます。

(2) 心と身体のリラックス法

身体をリラックスさせると、心もリラックスしてきます。そのためには、一日一回、次のようなリラックス法をやってみて下さい。三～四週間ぐらいやれば、全部やらなくてもどれかいくつかやれば心も体もリラックスすることができるようになります。そうすれば、緊張を感じたとき、「カッと」

①

②

③

なったときに、このリラクセーションをいくつかやって自分の気持ちを落ち着かすことができるでしょう。

まず、椅子にゆったりと腰をかけます。手は大腿部の上に楽な感じで置きます。リラクセーションの間、両方の目は軽く閉じておいて下さい。これがスタートのときの姿勢（ポーズ）です（①）。

次に、両手の手の平を五秒間思いきり強く握りましょう。手の中に緊張を感じて下さい。五秒たったら、ゆっくり開いて、二〇秒間、身体を楽にして下さい。手の平をゆったりと開いて、リラックスを味わいましょう。できれば、もう一回繰り返して下さい（②）。

次に、両方の目を思いきり強く「ぐっと」閉じましょう。目の周りに緊張を感じて下さい。五秒経ったら、目はつむったままゆっくりと力を抜いて、二

④

⑤

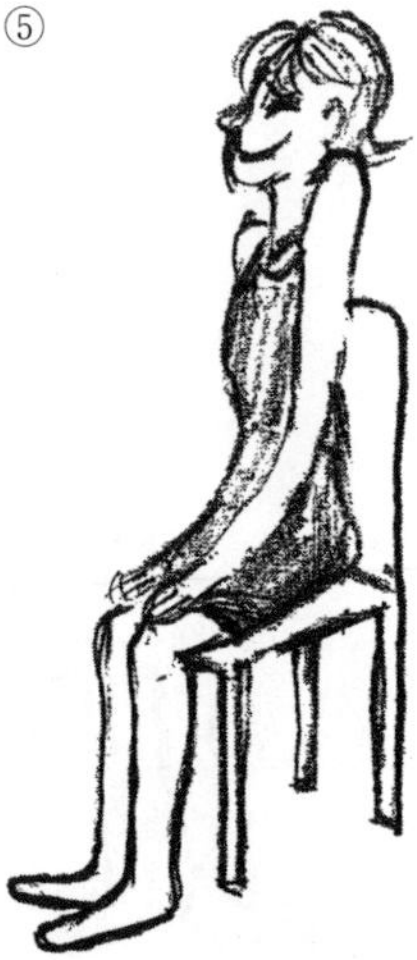

〇秒間、目のまわりを楽にしてリラックスを味わいましょう。できれば、もう一回繰り返して下さい（③）。

次に、上の歯と下の歯を噛みしめましょう。口の中いっぱいに緊張を感じて下さい。五秒経ったら、ゆっくり歯の力を抜いて、二〇秒間、口の中がリラックスしたのを味わいましょう。できれば、もう一回くりかえして下さい。

次に、頭をゆっくりと後ろへ倒していきましょう。ゆっくりと、無理をしないで下さい。首に緊張を感じて下さい。五秒たったら、ゆっくり首の力を抜いて、二〇秒間、首がリラックスしたのを味わいましょう。できれば、もう一回繰り返して下さい（④）。

次に、両方の肩を上にあげましょう。肩に緊張を感じて下さい。五秒経ったら、ゆっくりと肩をおろしましょう。二〇秒間、肩がリラックスしたのを味わって下さい。できれば、もう一回繰り返してください（⑤）。

次は、お腹に力を入れて、お腹を前へ突き出して下さい。五秒経ったら、ゆっくり元へ戻ります。そして、二〇秒間、お腹がリラックスしているのを味わって下さい。できれば、もう一回繰り返しましょう。あるいは、お腹を五秒間突き出す代わりに、お腹を引っ込めるのもいいでしょう。

次は上半身です。バンザイをするように両手を上にあげて下さい。上まであげたら、上半身をそのまま後ろに倒してゆきましょう。五秒経ったら、ゆっくり元へ戻ります。そして、二〇秒間、上半身がリラックスしているのを味わって下さい。できれば、もう一回繰り返しましょう（⑥）。

⑥

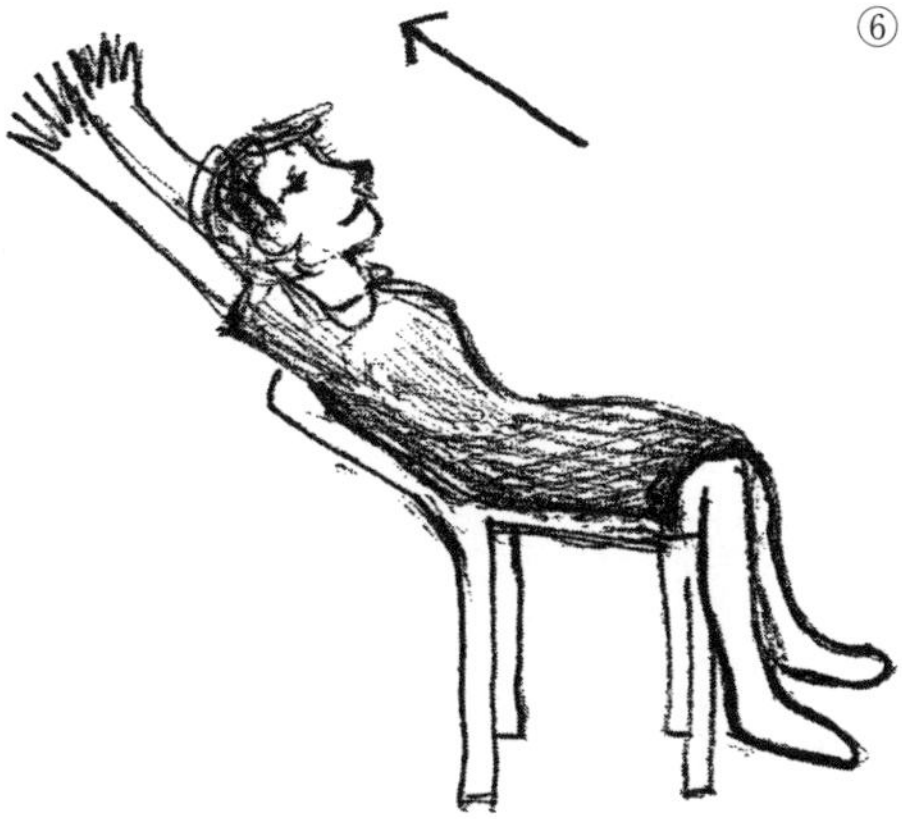

両足を前に投げ出して下さい。かかとを床につけたまま、つま先を上にあげて下さい。「ふくらはぎ」に緊張を感じて下さい。五秒経ったら、ゆっくりと元へ戻します。そして、二〇秒間、ふくらはぎが楽になるのを感じて下さい。もう一回繰り返しましょう。あるいは、つま先を床に押しつけるようにして、すねに緊張を感じて下さい。

最後は、全身です。両足を前に投げ出して、上半身は両手を上にあげてそのまま後ろに倒して、つま先から手の先まで後方に反り返るようにします。五秒経ったら、ゆっくりもとに戻します。そして、二〇秒間、全身がリラックスしているのを味わって下さい。できれば、もう一回繰り返しましょう。

こうしたリラクセーションの動きを毎日続けていると、やがては最初の数回の動きをしただけでリラックスした状態に入ることができるようになります。たとえば、手を握るといった、誰にも気づかれないような簡単な動きで十分身体も心もゆったりした状態になることができるようになります。子育てで緊張した時に、こうしたリラクセーションの運動を試みて下さい。

このリラクセーションのやり方は、ヨガとよく似ています。ですから、ヨガをやっているお母さんやお父さんは、ヨガをつかってリラクセーションの状態に自分をもっていくことができると思います。

隣の部屋で子どもたちがテレビのチャンネル争いをしている声が聞こえてきて、お母さんの頭に怒りがこみ上げてきたら、子どもを叱る前にリラクセーションの動きを二つか三つやってみましょう。少し心がしずまって、子どもに声をかける時に余裕ができると思います。あるいは、子どもと一緒に深呼吸をしてから、子どもの悪いところを指摘して、どうやってほしいかを伝えるのもいいでしょう。また、子どもと一緒にイチからジュウまでゆっくりと一緒に声を出して勘定するのもいい方法です。さらに、子どもがイライラしているような時には、「お母さんと一緒にリラックスしましょう」と親子でリラクセーションの動きをするのも一つの方法です。

2　一〇分間、子どもの遊びに集中

お母さんもお父さんもとても忙しい毎日です。でも、一日一回一〇分間とか二〇分間と時間を決めて、その間は仕事も家事の手を休めて、子どもと一対一になって、子どもとの遊びに集中して下さい。二人以上の子どもがいる家庭では二人の子どもと一緒に遊ぶという状況にならざるを得ないことも多いと思います。しかし、できれば一対一で遊ぶ方が効果ははるかにあると思います。ですから、夫婦が同時にそれぞれ一人の子どもを担当することができると良いですね。

お母さんあるいはお父さんが、お仕事の手を休めて子どもとの遊びに集中して下さい。「今から一〇分（二〇分）間、お母（父）さんはお仕事をやめて〇〇ちゃんと遊ぶからね」といって、時計で時間を見て「ヨーイ、スタート」で遊びをはじめて下さい。こんな時にキッチン・タイマーがあると便利です。

ただ、この時間の間は、お母さんやお父さんが子どもに、「ああしなさい、こうしなさい」と言わないで下さい。子どもが遊ぶのをじっと見守って下さい。たとえば、子どもが一人で絵を描いていたら、その隣に行って子どもが絵を描いているのを観察するという感じです。親が側についていて子どもが絵を描いているのをじっと見てくれているということを通して、子どもは親の愛情を感じることができると思います。また、子どもが遊んでいるのを親が「じっと見ている」というのは、子どものカウンセリングである遊戯療法（コラム「カウンセリングと子育て」参照、八九頁）とよく似た感じのものです。一般的に遊戯療法のセラピスト（カウンセラーのことです）は自分からあまり能動的に子どもに働きかけずに、子どもの側についていて、子どもの遊びをじっと見守ることが多いと思います。しかし、この間に子どもに対する尊重、愛情、信頼、暖かさといった大切な心理的な栄養物を子どもにそそいでいるのです。この一〇～二〇分間は、お母さんやお父さんが遊戯療法のセラピストのように、親の心の栄養物を子どもに集中的に与える時間だと思って下さい。

子どもの遊びを見守る、子どもの遊びを尊重するという感じです。尊重しているということを伝えるために、子どもがやっていることを側についている親が言葉に出して言うのもいいですね。「あ、チューリップの絵を描いている。赤い花びらね。黄色やピンクの花びらも描けている。緑の茎も葉っぱも描けているね」といった具合です。

この時間は、お母（父）さんが子どもの遊びを尊重し、一所懸命に子どもがやっていることを見ているわけですから、子どもが花びらを緑に塗るとか、茎や葉っぱを赤や黄色に塗っても、この一〇分間の間は「花びらは緑じゃなくて、赤とか黄色でしょう」とか、葉っぱを赤や黄色に塗っても、「葉っぱは赤や黄色じゃなくて緑でしょう」と言わないで下さい。もちろん、花の色は緑でないことを指摘するのは大切なことですが、それはこの時間と場所以外の時にして下さい。この十分間は親が子どもに注目と関心を注ぎ、子どもの遊びを尊重する特別な時間なのです。子どもが何かを言ったら、親はそれを繰り返して言って下さい。子どもがやっていることの中から、良いところに気がついたら、それを言って誉めて下さい。「きれいなチューリップの花が描けているね」「葉っぱも、茎も描けている」といった具合です。子どもが言ったことを、親が繰り返して言うとか、子どもがやっていることを、親が言葉に出して言うことは、「お母（父）さんは、貴方のやっていることを尊重していますよ」ということを子どもに伝えているのです。

大切なポイントは、子どもに「何をしなさい」と言わず、「ああしなさい」「こうしなさい」とも命令しないで、子どもがやっていることをじっと見つめて下さい。子どもが言うことを親が繰り返して言って下さい。何か言いたくなったら、子どもがやっていることを真似してやってみて下さい。子どもが絵を描いていたら、親も絵を描いて下さい。子どもが積み木で何かを作っていたら、親も積み木で同じものを作って下さい。子どもがやっているのと同じことをやることは、「お母（父）さんは、あなたのやっていることを尊重していますよ」ということを子どもに伝えているのです。

子どもがやっていることが、大人のお母さんやお父さんから見て間違がっていても、この一〇分間の間は「それは違うでしょう」「駄目じゃないの」「あれをしなさい」「これをしなさい」と言わないで下さい。この時間は一日のうちで、子どもがお父さんやお母さんの注目と関心を独占できる時間なのです。要約しますと、

① 子どもが親を独占できる時間を、遊びにはいる前に「何分間」と前もって決めておきましょう。「お母（父）さんは、今から一〇分間、□□ちゃんと遊ぶね」と言ってから遊んで下さい。

「今から、一〇分間、〇〇ちゃんがお絵かきしているのをそばで見ているね」と言って隣に座って下さい。

② 子どもが今やっている遊びを尊重しましょう。

③ 子どものやっていることの真似をしましょう。子どもの言ったことを、そのまま繰り返して言いましょう。それによって親が子どもの言っていることを「一所懸命に聴いていますよ」ということを子どもに伝えることができます。

④ 子どものやっている「いいところ」（たとえば、「花だけでなく、葉っぱも茎も描けているね」）と誉めましょう。

⑤ 「ああしなさい」「こうしなさい」「これなんなの？」「花びらは緑じゃないでしょう」といった、命令、質問、批判はしないで下さい。こうした短い時間でも子どもが親を独占できる機会は、子どもにとって特別の時間であり、とても大切な一時だと多くのお母さんお父さんからコメントが寄せられています。子どもが間違ったこと（たとえば、花びらを緑に塗る）をしているので、それを直したいならば、この時間のあいだではなく、別の時に言うようにして下さい。

3　第三の魔法——お約束表

(1) お約束表を使ってみましょう

「うちの子どもは朝眠くて歯をみがかないどころか、朝のご挨拶もろくろく言えないんですよ」と嘆くお母さんやお父さんは、これから紹介するお約束表を使ってみましょう（図10-1～2参照）。お約束表というのは、子どもにやってほしいことを表の中に書いて、それを子どもがしたら、シールを貼って、あるいは○を付けて誉めるというプログラムです。お約束表を上手に使うためには、まず、子どもにやってほしいことを、具体的なかたちで取り上げましょう。「きちんとしましょう」というのは具体的ではありません。でも、「ご飯がすんだら、食器を流しにもっていきましょう」というのは具体的です。

同じように、「しっかりやりましょう」というのは具体性がありません。でも、「晩ご飯までに、宿題をすませましょう」というのは具体的です。

「ちゃんとしなさい」「がんばりなさい」「しっかりしなさい」「お行儀をよくしなさい」というのでは、子どもは何を要求されているのかわかりにくいと思います。ですから、子どもに何かをやって欲しい時には、「歯をみがく」「ご飯のまえには手を洗う」「四〇分（間）以内にご飯をすます」「ご飯を食べたら、食器は流しへもっていく」「ドリルを二〇問やる」といった表現だと具体的で、何をした

図10－1　お約束表１――からっぽのお約束表

おやくそくひょう

なまえ＿＿＿＿＿＿＿＿＿＿

できたらシールをはりましょう　または○をつけましょう

おやくそく	げつ	か	すい	もく	きん	ど	にち
(すでにやれていること)							
(もうちょっとでやれること)							
(やってほしいこと)							

出所：武田建（2010：104）を一部修正。

らいいのかよくわかります。ですから、お約束表を使えば、子どもにやらせたいことが具体的な形で示すことができるので、とても効果的です。以下は、その実践例です。

「○○ちゃんは沢山いいことができるようになったけど、お母さんはもっとやれると思うのよ。それでね、お約束表を使ってみましょう（図10－3参照）。どうやるかっていうとね、この表に書いてあることを○○ちゃんがやったら、そこの箱にシールを貼って（○を付けて）ね。箱は三つありますからね」。

そして、まず、子どもがすでにやれていることを左の箱の中に入れましょう。例えば、

「お母さんは、○○ちゃんが朝起きて

図10－2　お約束表２——時間の経過を示すお約束表

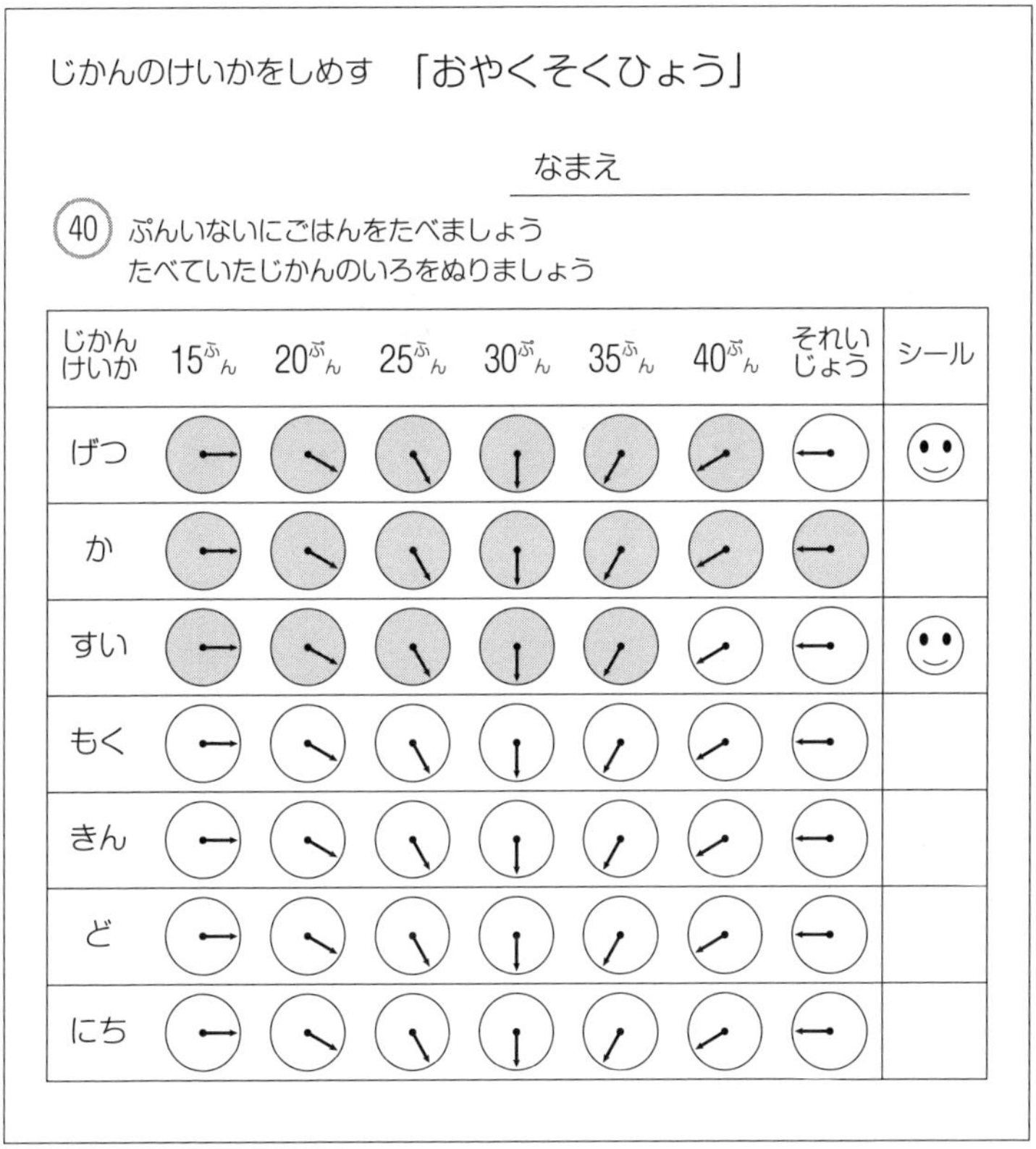

じかんのけいかをしめす「おやくそくひょう」

なまえ

(40) ぷんいないにごはんをたべましょう
たべていたじかんのいろをぬりましょう

じかんけいか	15ぷん	20ぷん	25ぷん	30ぷん	35ぷん	40ぷん	それいじょう	シール
げつ								
か								
すい								
もく								
きん								
ど								
にち								

出所：武田（2010：117）を一部修正。

図10－3　お約束表３――サンプルのお約束表

おやくそくひょう

なまえ＿＿＿＿＿＿＿＿＿＿＿＿

できたらシールをはりましょう　または○をつけましょう

おやくそく	げつ	か	すい	もく	きん	ど	にち
おはよう（すでにやれていること）	☺	☺	☺	☺			
ごちそうさま（もうちょっとでやれること）	☺	☺	☺	☺			
てをあらう（やってほしいこと）	☺			☺			

出所：図10－１と同じ。

きたら『おはようございます』と言って、挨拶をして欲しいけど、やれるかな？」。

「そうやれると思う。じゃ、ここに『おはよう』と書いておくわね」。

「あと二つやって欲しいけど、まだ○○ちゃんがやれてないことで、やれそうなことはどんなことがあるかしら」。

「そうね、ごはんがすんだら『ごちそうさま』を言いましょうね」。

「それから、外から帰ってきたら『手を洗い』ましょう」。

と話しかけながらお約束表を使いましょう。

箱の中に入れるやってほしいこと三つのうち一つには、子どもがすでにやれていることを選んで下さい。他の二つは、まだやれていないことを入れましょう。でも、まったくできないような難しいものではなく、子どもが少し頑張ればやれそうなものを入れて下さい。子どもと話し合って、「○○君がまだやれていないけれども、やれそうなものは何かな?」といった感じで、子どもとやれそうなものを相談しながら選んで下さい。もちろん、子どもがこのお約束表に慣れてきたら、次第にもうちょっと難しい項目に差し替えていきましょう。

このお約束表の一つ（「おはよう」と言って朝のご挨拶をする）はすでにやれていることでした。したがって、この項目は「当選確実」のようなものです。でも、子どもがそれをやったら、お母さんもお父さんも大いに喜んで「○○ちゃんは、えらいね。朝のご挨拶ができたのね。シールを貼らなくちゃ。お母さんが貼りましょうか。それとも○○ちゃんが貼る?」といった具合です。もちろん、他の二つの項目も同じように、子どもがやれたら大いに喜んで、誉めて下さい。もし、子どもがその項目に書いてあることをやれなかった場合には、「折角、お母さんがお約束表を作ったのに」と言って叱らないで下さい。「あっ、○○をやれなかった。残念でした。シールはなしね。この次にがんばりましょう」といった具合に、さらりと流して下さい。

お約束表を使う時のもう一つの注意点は、初めから完璧を要求しないことです。特に今までやっていなかったことをやらせるときには、「少しぐらい」やり方が悪くても誉めて○をつけて下さい。そして、○が一週間続いたら、少しずつ要求水準を上げてもっと丁寧にやってもらうとか、今まで余りやれてなかったことを、すでに○が続いた項目の代わりに、お約束表に入れてみて下さい。

ただ、まったくやったことがないような、本人にとってとても難しい項目を取り上げる場合には、初めから完璧を期待しないで下さい。「歯をみがく」ことを子どもが嫌がるならば、歯ブラシに歯磨きをつけなくてもいいと思います。まず、ブラシを口に入れただけでも○をつけてもいいでしょう。歯磨きをつけて、歯をこすればどんな磨き方でもいいことにしましょう。少し、時間を掛けながら、次第に上手な磨き方ができるようにしていきましょう。

(2) お約束表ができたら一度リハーサル

子どもと話し合って、何をやるかが決まってお約束表ができあがったら、一度そこに書いてあることを練習してみましょう。つまりリハーサルです。でも、その前に、リハーサルの説明をしないといけませんね。お母さんが子どもにどうやって欲しいかを話す時には、テレビを消してちょっと静かな、そして少しだけ改まった雰囲気を作って話しかけましょう。このとき、お母さんは少ししゃがんで、子どもの目の高さまで自分の目線を下げられれば最高です。二人とも椅子に座って話合うのもいいでしょう。

お母さんはお約束表のことをこんな具合に説明してみましょう。「○○ちゃんはとてもいい子だけど、時々、外から帰ってきた時に、手を洗うのを忘れることがあるでしょう。だから、これからは家へ帰ってきたらすぐに洗面所に行って手を洗ってほしいの。水道の栓をひねって、水を出して手を濡らしたら石けんをつけて、両手を合わせてごしごしと泡が出るまでこすってね。泡が出て、両手を全部洗ったらお母さんがこのお約束表にマルを入れて誉めるわ。それともシールの方がいい？」「じゃあ、シールにしましょう。何色のシールがいい？」といった感じです。そして、その後、

「一度練習してみましょう」。

「今は、練習だから、お母さんと一緒に石けんをつけて洗ってみましょう」。

「ごしごし、ごしごし」。

「わー、両手に泡がいっぱいついて、きれいになったわね……」。

「タオルで手を拭いたら、お約束表にシールを貼りましょう」。

「〇〇ちゃんのお手々がきれいになりました。お利口さんですね」。


という具合に会話しながら働きかけるのです。まずやる前に、お母さんが姿勢を低くして、子どもの目線で話しかけ、どうするか説明し、お母さんが実際にやって見せて、それから子どもにやって貰いましょう。一緒にやるのもいいかもしれませんね。お約束表に書いてあることを子どもがやった時に、シールを貼ることは、お母さんに「子どもを誉めて下さい」とお願いしている印だと思って下さい。子どもに「自分でシールを貼っておきなさい」といって子どもだけにやらせているのでは、お約束表の効果は上がりませんし、長続きしません。シールや〇をつけたらすぐにお母さんやお父さんが子どもを誉めて下さい。お約束表は子どもが良いことをしたら、お母さんやお父さんに子どもがやったこ

とを誉めるように催促しているのだと理解して下さい。

ですから、子どもがやれなかった時に表に×をつけたり、すでに貼ってあるシールをはがしたりしないで下さい。子どもがお約束表に書いてあることをしなかった時には、「残念でした、シールはなしね」と言ってさらりと流しましょう。「折角、お母さんがお約束表まで準備したのに」などと言って叱らないで下さい。お約束表は、あくまで子どもが良いことをしたら、ご両親がそれを喜んで誉めるためのものだと思って下さい。

また、お約束表にはあまり沢山の項目を並べないで下さい。やることがいっぱいあると、子どもはその数に圧倒されて、やる気持ちをなくしてしまいます。ですから、最初は「すでにやれていること」一つと、「これからやってほしいこと」を一つか、せいぜい二つぐらいにして下さい。そして、やってほしいことがやれるようになったら、その項目を外して、ほかの「やってほしいこと」に入れ替えましょう。ただ、お約束表からはずしても、子どもが表からはずした「良い」ことをやっているのを見たら、「〇〇ちゃん、お手々を洗っている、えらいね」と言って誉めて下さい。

(3) お約束表の効果をあげるには——続お約束表

お約束表を使う時には、まず子どもがちょっと努力したらやれるレベルから始めて下さい。お母さんやお父さんからすれば、歯を磨くのも、手を洗うのも、玩具を片づけるのも、みんな完璧にしてほしいでしょう。でも、それぞれの子どもには、今やれることと、まだやれないことがあります。ですから、まずやれるところから始めましょう。そして、それができたら、もうちょっとだけ丁寧に、もう少し上手にやれるように挑戦してみましょう。それが成功の鍵だと思います。ですから、まず子どもがすでにやれることをお約束表に入れ、それから子どもがちょっと頑張ればやれそうなことを二つ加えて下さい。最初から、どんなに頑張ってもできないようなことに挑戦させると、子どもはやる気をなくしてしまいます。

子どもにとってやれることや、やれそうなことならば、「よしやるぞ」といった気持ちがわいてきます。そして、やれたらすぐに誉めましょう。そうすれば、子どものやる気は続いて、次もやるようになります。簡単にやれるということは、時間もあまりかからないということです。長時間かかる難しいことをすると、成功率が低くなるのは当然です。ですから、できるだけ成功率が高いことから始めましょう。そうすれば、「やれた」という達成感が子どもにとっては大きなご褒美になると思います。

お約束表にシールを貼ったり○を付けたりするのは、お母さんやお父さんに子どもが「誉めて下さい」と催促をしていることだと思って下さい。ですから、シールを貼るとか○を付けるだけでなく、必ず子どもの目を見て、ニッコリ笑って誉めて下さい。そうやって、両親がとても喜んでいることを子どもに伝えましょう。

子どもがお約束表に書いてあることをやった時に、お父さんがその場にいないならば、お母さんがお父さんにお約束表のことを前もってよく説明しておいて、表に○が付いていたら必ず誉めるようにお願いして下さい。そして、お父さんはお仕事から帰ってきて、お約束表に○が付いているのを見たら、「○○君は□□をやったんだね。えらいね」と言って誉めて下さい。多くの場合、家の外で働いているお父さんやお母さんが夕方帰ってきて誉める時には、お約束表に書いてあることを子どもがやってから随分と時間が経っています。ですから、少し面倒ですが、何が良かったのか、何を誉めているのかをかならず言って誉めて下さい。

(4) お父さんもお約束表に参加して下さい

何度も同じことを強調しますが、子どもにとってお約束表に○を付けてもらうことはご褒美になります。でも、一番大切なことは、お母さんやお父さんが言葉と表情で誉めることです。両親が子どもに「よくやったね」と言葉に出して誉めれば、子どもはきっと喜びます。そして両親に親しみを感じ、良い親子関係が生まれます。でも、お母さんやお父さんが誉めるかわりに、「自分でシールを貼っておきなさい」と言うだけですましてしまうことがあります。

このやり方ですと、はじめのうち子どもはお約束表をやっても、やがてやってほしいことをしなくなり、お約束表の効果は半減してしまいます。お約束表の一番大切な役目は、シールを貼るとか○を付ける時に、「誉めて下さい」というシグナルを両親に送っているということを覚えておいて下さい。

また、多くの家庭では、子どもがお約束表に書いてあることをやった時に、お父さんは家にいないこともあると思います。そういった場合は、お母さんがお父さんにお約束表とその使い方をよく説明して下さい。

そして、「お父さん、この表のそれぞれの『やってほしいこと』にシールが貼ってあったら、『○○ちゃん、外から帰ってきた時に、ちゃんと手を洗ったんだね。えらいね』といった具合に、『何をやったから、えらかったね』と何を誉めているかを言って誉めてね」とお願いして下さい。お父さんが子どもを誉めるのは、子どもが手を洗ってから何時間も経ってからのことです。多分、その時には子どもは自分が外から帰ってきて手を洗ったことをすっかり忘れてしまっていると思います。ですから、お父さんは、ちょっと面倒でも「○○をやって、えらかったね」といちいち何を誉めているのかを言って誉めて下さい。

お母さんがお父さんに、お約束表を使っていることを話して、お約束表のやり方を説明していただくことはとても大切なことです。こうした時に、子どもの育児についてお母さんとお父さんの間に対話が生まれます。これは夫婦の間のとても大切なコミュニケーションです。ですから、お約束表を使い始める前に、お父さんとお約束表について話し合いをして下さい。そうすれば、お父さんはお仕事から帰ってきて、お約束表を見てシールが貼ってあったら、「○○ちゃん、外からお家に帰ってきたときに、石けんつけてお手々を洗ったんだね。えらーい」と言って、子どもがやったことを誉めることができます。

お父さんの中には、子どもが寝てから帰り、子どもが起きる前に家を出る人もいるでしょう。そんなお父さんは「○○ちゃん、手を洗ってえらかったね」とメモを書いてお母さんに渡して下さい。お父さんのメモは、子どもにとって大きな励みになるに違いありません。また、単身赴任で家に帰れないお父さんは、家に電話をした時に、子どもと直接話して、「手を洗った」ことを誉めて下さい。電話での励ましがお母さんのしつけの後押しをするに違いありません。また、お父さんに子どもと電話で話してもらうことをお母さんがお父さんにお願いすることが、夫婦の間のコミュニケーションを良くすると思うのです。

こうしてお父さんが子どもの良い行動を誉めたら、その場であるいは後になってから、お母さんは必ずお父さんにお礼を言って下さい。「お父さんが誉めてくれると、お約束表の効果が倍増するのよ。ありがとう」といった具合です。こうしたところに夫婦の間のコミュニケーションが起こります。このことは、子どもが今までやっていなかったことを、やり始めるようになったのと同じくらい大切なことだと思います。よい子どもを育てるのは、お母さんとお父さんが一緒になってやる共同作業だからです。

子どもは親を見習って成長します。お母さんとお父さんの間の暖かい会話が暖かい家庭を築き、暖かい家庭がよい子を育てるのだと思います。お母さんとお父さんの間の良いコミュニケーションを見て育った子どもは、やがて楽しい家庭を築く大人になってくれるでしょう。

(5) ボーナス的ご褒美とお約束表からの卒業

お母さんやお父さんの中には、○やシールが二〇とか五〇たまったら、あるいは二週間連続で○がついたら、「日曜日にお父さんとサッカーをする」「キャッチボールをする」「相撲をとる」「一緒にお出かけをする」「お母さんとクッキーをつくる」「お母さんと買い物に行く」といったことをボーナス的につけ加えたいという人もいます。親子で一緒にすることは、子どものやる気をさらに強めるという意味で、また親と子が何かを一緒にやることで、親子の関係をより良いものにするという観点からも、とても有効なことだと思います。ただ、こうしたご褒美はあくまで「おまけ」です。すべてのお約束に出すのではなく、難しいことをやれた時とか、お約束表が子どもにとってマンネリになってきた時にする方がいいのではないかと思います。

たしかに、子どもが良いことをしたら、すぐに、毎回、一貫性をもって誉めることは大切です。しかし、両親が子どもに願っているのは、毎回誉めなくても良いことや望ましいことをやってくれることです。そのためには、毎回誉めるスケジュールから時々誉めるスケジュールにだんだん移していき、やがては両親が毎回誉めなくても、子どもが良いこと望ましいことを一人でやれるようになることです。そこまで子どもがやれるようになるには、初めは毎回誉めるというやり方から、少しずつ誉める回数を減らしていき、やがては時々誉めるといったやり方にもっていくのが一番スムーズなやり方だと思います。そして、最終的には、お約束表を使わなくても、毎回誉めなくても、子どもが良いことをするようになることを目指しましょう。

第11章　しつけに困ったときに読む章

1　子どものレベルに合わせ小さく区切って「少しずつ」

本書では何度も「子どものやれるレベルから始めましょう」とお勧めしてきました。親から見れば簡単そうなことでも、子どもにとっては結構難しいことがいっぱいあります。そんな時には、一般的な原則として、子どもがやれるレベルまで要求水準を下げるのが良いようです。また、問題や課題が難しいようだったら、はじめから終わりまでをいくつかに区切ってやらせることをお勧めします。そして、少しずつ、ゆっくりとやらせることが成功の秘訣だと思います。やれないことをさせてしまい、できないといって叱るよりも、子どもがやれるように、もっとやさしいことから始めましょう。子どもがやれるレベルからスタートしましょう。

お母さんやお父さんがやって見せるのはベストの教え方です。どうすればいいかをやって見せましょう。それでもできないようだったら、手伝いましょう。そして、ちょっとでもやれたら、それを誉めましょう。全部できていなくても、やれているところを誉めましょう。子どもがやれそうなのにやれないような場合には、親が子どもと一緒にやるとか、どうやればいいかを親がやって見せるのも効果的だと思います。「百聞は一見にしかず」という諺の通りです。

たとえば、幼い子どもに歯を自分で磨かせるのは、けっこう難しいものです。最初はお母さんやお父さんが、自分の膝のうえに子どもの顔を上向きに置き、子どもの足を向こうになげだした姿勢で、親子で一緒に歯ブラシをもって、子どもの歯を磨くことから始めるといいでしょう。自分の膝の上に子どもを寝かして歯を磨くという方法は、半分以上は親が幼い子どもの歯を磨いているようなものです。でも、幼い子どもならばスタートとしてはこれでいいのではないでしょうか?

幼い子どもの歯磨きは、子どもが磨いたと言っても不十分な所がいっぱいあると思います。そんな時は、(もしご両親が必要だと思われたら)子どもが磨く時に、あるいは子どもが一人で磨いた後でも手伝って下さい。進歩はゆっくりです。時間がかかります。幼い子どもにとっては、自分一人で歯ブラシを使って歯を磨くということは、結構難しいことなのです。お母さんやお父さんが一緒に磨くことは、とても良いお手本を見せていることになります。子どもは親の真似ができます。真似させることはベストの教え方です。

歯を自分一人で磨けるようになっても、食事の後で歯を磨くのを忘れることも少なくありません。特に、ご飯の後で好きなテレビの番組があると、つい歯を磨くことはおろそかというか忘れられてしまいます。そんな時には、食卓の上にお箸と一緒に歯ブラシを置いておくと、案外子どもは歯を磨くことを思い出します。少なくとも、親が「歯を磨きなさい」と言う回数は減ると思います。また、「一緒に磨こう」とお母さんやお父さんが子どもと一緒に歯を磨くと、子どもは喜んで一緒に磨くことが多いようです。

次に、子どもが歯ブラシで歯を磨けるようになったら、口の中に水を含ませて「もぐもぐ」して口の中を洗うことと、「ぺっ！」とはき出すことを別々に練習するのもいいでしょう。まず水を口に含んでおいて「はき出す」ことを練習してみましょう。「わー、□□ちゃん、えらい。お口のなかの水をペットはき出すことができた」と言って誉めましょう。次は、口の中でもぐもぐです。お口の中でもぐもぐしてゆすぐのをどうするか、お母さんかお父さんがやって見せるか、一緒にやるのもいいでしょう。やって見せるとか一緒にやると、比較的簡単に水を口の中に含んで、もぐもぐすることを覚えるようになります。もぐもぐして口をゆすぐのと、口の中の水を「ぺっ！」とはき出すことは別々にして教える方が、ちょっと時間の無駄のような気がしますが、長い目で見ると簡単だし時間の節約になるかもしれません。最初は口の中に水を含んで、すぐはき出すことからはじめましょう。それができたら、口の中でもぐもぐです。これで、子どもは「もぐもぐ、ぺっ」と口の中をゆすいで、水をはき出すことができるようになります。

2　挨拶も「少しずつ」

これまで何度となく「少しずつ」ということを書いてきました。くどいようですが、もう一度繰り返します。子どもに何かをやらせる時には、「あわてず」「急がず」「ゆっくりと」「少しずつ」「ちょっとでも」がうたい文句でしたね。

内弁慶というのでしょうか、自分の家では友だちと遊べるのですが、友だちの家には行けないという子どもには、無理によそのお家に遊びに行かせるよりも、お友だちの家の前を通ることぐらいから始めてみましょう。

次は、インターホンを押してみましょう。前もってお母さんが、電話で「インターホンを押すだけです」と電話をしておきましょう。次は、インターホンで挨拶させて下さい」と電話しておいて、インターホンで「こんにちは」と言って挨拶です。その次は、子どもができると言ったら、家の方に出てきていただき、黙ってお辞儀をするか手をふりましょう。こうやって、少しずつよその人と接触する度合いを高くしていくのです。時間がかかりますが、無理は禁物です。本人ができるところだけをやらせましょう。これが「少しずつ」の原則（極意）です。

実際に近所の家まで行くのが難しいならば、自分の家で親と子どもが紙の上に自分の家から友人の家までの「すごろく」を作ってみましょう。自分の家が出発点で友だちの家が「あがり」です。自分の家や途中の消防署とか神社あるいは店といっためぼしい建物を描いた「すごろく」です。そして、サイコロをころがして、実際に親と子がすごろく遊びをしてみましょう。何度も家から友人の家までを「すごろく」で行ったり来たりしている間に、友人の家へ遊びに行くことへの抵抗が少しずつ減っていきます。

幼い子どもにシャツを脱がせる時に、お母さんがほとんど全部脱がせて袖口が手前の所に引っかかっている状態にしておいて、子どもに「ぽん」と抜いてもらうことから始めることを紹介しました（第6章第9節参照）。これも「少しずつ」の原則に基づいています。それとまったく同じやり方を知り合いやお友だちの家を訪ねることに応用しているわけです。

幼稚園や保育所で先生に、なかなか「おはようございます」と言えない子どもの場合も同じような考え方でやってみましょう。まず、お母さんと一緒に練習をしましょう。お母さんが、子どもの役をやり、子どもが保育所の先生です。子どもを演じているお母さんが、子どもが演じている先生に「おはようございます」と言ってお辞儀をしましょう。子どもが演じている先生も挨拶をします。その時に、子どもは先生らしく「おはよう」とお母さんに言います。それを何回かやったら、子どもは子どもの役をし、お母さんが先生の役です。

お母さんが演じている先生に挨拶ができるようになったら、実際にお隣のおばさんに挨拶をしてみましょう。はじめは黙っておじぎすることから始めるのがいいですね。それから少しずつ声を出しての挨拶にしていきましょう。

3　一人で寝るのも「少しずつ」

私たち日本人の子育てでは、昔から「三本川になって寝る」という表現のように、お母さんとお父さんの間に子どもをはさんで寝るのが普通でした。洋風の生活が普及してきた今でも、子どもが生まれたのでベッドをやめて、日本間に移って親子三人一緒に寝るようになったという話をよく耳にします。

しかし、何時までも三本川になって寝ているわけにもいかないだろうというので、子どもを自分の部屋で寝かせようとしても、そう簡単にはいきません。ある両親は自分たちの間で寝ている子どもを、まずお父さんの外側で寝る練習を始めました。まず、添い寝をしているお父さんと子どもが毎晩寝る前にジャンケンをしてお父さんの外側で寝るか内側で寝るかを決めました。当然、お父さんの外の時もあれば、内の時もあります。こうして、まず、同じ三本川でも子どもが真ん中の時もあれば外側の時もあるようにしました。これを何カ月か続けている間に、子どもは父親の外側で寝ることが平気になってきました。

次は、お父さんの布団の隣に子どもの布団を置きました。しかし、子どもは相変わらず父親の布団の中で寝ていました。そこで、「○○君は、来年から小学校だから、少しずつお父さんから離れて寝る練習をしよう」と言って、毎日五㎝ずつ離れるようにしていきました。この方法で子どもは少しずつ父親から離れて寝ることができるようになりました。しかし、隣にある自分の部屋で寝ることに不安を感じたのでしょう、嫌がりました。それで、両親の部屋と子どもの部屋の間の障子を全部開けて寝るようにしました。そして、それができるようになったので、障子を毎晩五㎝ずつ閉めるようにしていったのです。

もちろん、お父さんの布団から五㎝ずつ離していくのも、子ども部屋の障子を五㎝ずつ閉めていくのも、親子で前もって話し合って行ったことは言うまでもありません。時間は少しかかりましたが、

コラム　系統的脱感作法と現実脱感作法

この「少しずつ」の考え方はジョゼフ・ウォルピという精神科医の系統的脱感作法と現実脱感作法という患者の不安とか恐怖を克服する理論と方法に基づいています。彼の治療方法では、まず患者の身体をリラックスさせます。身体をリラックスさせることにより、ある程度不安を軽減することができるというのです。たしかにリラクセーションは不安を少なくする役割を果たすと思います。それから、ごく少しだけ不安を感ずるようなシーンを思い浮かべてもらい、イメージのなかで少しずつ不安を乗り越えてゆくわけです。これが系統的脱感作法です。また、まったく同じ考え方ですが、実際の場面でほんの少しずつ不安を起こす場面や物に近づいていくことにより、不安を乗り越えようとするのが現実脱感作法です。

「少しずつ」の原則にしたがってやったこの親子分離作戦は成功したのです（黒田実郎「条件づけによる幼児の行動変容に関する実験研究」関西学院大学博士論文、一九七〇年）。

トイレに一人で行くのも、少しずつです。まず、一人でトイレに行くところから練習してみましょう。はじめは一人でトイレのドアまでの半分の距離が行けたら誉めましょう。次にトイレのドアに触って帰ってきたら誉めましょう。次は、トイレのドアを開けることができたら誉めましょう。ドアを全部開けることが難しければ、少し開けただけでも誉めましょう。こうやって、子どもが少しずつドアを開けることができるようになるといいですね。

ドアを開けることができるようになったら、便器の前に立つとか便器の上に座ることを練習してみましょう。初めのうちは、ズボンを下ろさなくてもいいと思います。ズボンをはいたままで便器に座ることができたら素晴らしいですね。こうして一歩ずつ前進する度に大いに誉めて下さい。やがて、排便ができるようになってきます。少しずつ、最終目標に向かって、近づいていきましょう。

4　嫌いなおかず

子どもについてお母さんが悩むことの一つは、食べ物の好き嫌いです。まず、嫌いなおかずを耳かき一杯ぐらいのごく少ない量を、好きな「おかず」を入れたお皿の端に置いてみましょう。その前に、「〇〇ちゃん、ここに□□（子どもの嫌いなおかず）をほんのちょっとだけ（耳かき一さじぐらい）を置いておきますよ。○○ちゃんは、食べなくてもいいけど、ずっとお皿の上に置いておきましょう」と言って下さい。子どもが他のおかずを食べたら、○○ちゃんは□□（嫌いなおかず）がおいてあっても、好きな△△を全部食べることができた。えらいね！」と言って誉めて下さい。

こうして、好きな「おかず」を食べるのを毎回誉めながら、毎日お皿の端にのせる嫌いなおかずの量を少しずつ増やしていきましょう。でも、それを食べる必要はないことを、子どもに言って増やして下さい。嫌いな「おかず」の量がどんどん増えていっても、好きなおかずを食べることができれば、「□□がいっぱいお皿の上においてあっても、好きなおかずを食べることができてえらいね」と言って誉めましょう。

その次には、「○○ちゃんは、嫌いなおかずが沢山お皿の上においてあっても平気で、好きなおかずを食べることができるようになったね。今度は嫌いなおかずをほんの少しだけ（耳かき一杯の量ぐらい）をお口に入れてみましょう。食べられたら誉めてあげる」といって耳かき一さじ分を食べさせてみましょう。そして、食べられたら、お約束表にシールを貼って誉めて下さい。そして、お父さんもお約束表を見て、「□□を食べられてえらかったね」と言って誉めましょう。誉める人の数が多いほど誉める効果は大きくなるのでしたね。

はじめは、ごく少しだけ見るだけから始めて、次第に見る量を増やしていき、それができたら少しずつ食べるといった具合に、少しずつ馴らしていくのです。この時も、少しの進歩少しの変化を誉めるのを忘れないようにして下さい。

5　お片づけも「少しずつ」

大人にとっても後片づけというのは、結構面倒なものです。ましてや幼い子どもにとっては、随分重荷に感ずるものではないでしょうか？　一つの玩具で遊んで、次の玩具と遊ぶ前にこれまで使った玩具を片づけてくれたらいいのにと思うのは、親の願いであって、子どもは次から次へと別の玩具を引っ張り出して遊びます。ですから、遊び終わって「さあ、お片づけをしましょう」とお母さんが言った時には、部屋中が玩具だらけになっていることが多いのではないでしょうか。

こんな状態ですから、「遊んだ玩具をぜんぶ片づけなさい」と言っても、子どもは何から始めていいのかわかりません。ですから、まず、子どもが使ったすべての玩具の中から、めぼしいものをえらんで、それを片づけるようにしましょう。たとえば、「○○ちゃん、「積み木を積み木箱の中に入れましょう」と言って、沢山出ている玩具や本の中から、積み木だけを仕舞うということから始めるのもいいでしょう。

もし、積み木を一人で全部しまうのが難しいようだったら、お母さんと床の上に出ている積み木を交代で一つとか二つずつ箱に入れてみましょう。あるいは、積み木の山を半分に区切って「ここからこっちはお母さんが片づけるから、ここから向こうは○○ちゃんが片づけるのよ」「どっちが早く箱に入れられるか競争しましょうか？　位置について、ヨーイドン」とゲーム的な要素を使うのもいいでしょう。

積み木が片づいたら、子どもを誉めましょう。子どもに「わー、すごい。積み木が全部片づいたのね。気持ちがいいわね。ついでに、本を本箱に入れましょう。子どもが本を本箱に入れる度に、「一冊」「二冊」と数を言って応援するのも子どものやる気を強めます。片づける玩具や本の数は、はじめは少しでも、次第にその数や量を増やしていきましょう。

また、時間を区切ってお片づけをする方法もあります。まず、お約束表と同じような「お片づけ表」を作りましょう（図11-1参照）。次に床の上にいくつ物（本、玩具、お人形等）が出ているかを子どもと一緒に勘定します。そして、その数を表に書き込んでおきましょう（図11-2参照）。それから、子どもに「○○ちゃん、いま床の上に○○個おもちゃや本が出ているの。五分間（時間の長さは、子どもに応じて調節して下さい）でお片づけをしてみましょう。

さあ、どのくらい片づけられるかな？　いいですか、はじめますよ。ヨーイ、ドン」「ピー。五分経ちました。いくつ片づけて、いくつの残っているかな？　一緒に数えましょう。そして、この表に書き込んでおきましょう。

また、こんな説明もいいでしょう。「○○ちゃん、遊んだあとは、使った物を元に戻してほしいの。五分経ったら、お母さんが床の上にいくつ物が残っているか数えますからね。そして、お片づけの後で、床の上にいくつ残っているかをこの表に書いておきましょう。全部片づけられるかな？」

子どもが片づけている間、子どもを励ますために、お母さんが一緒に片づけたり、出ている玩具や

図11－1　お約束表４――お片づけのためのお約束表１

おかたづけのための　「おやくそくひょう」

なまえ＿＿＿＿＿＿＿＿＿＿＿＿

できたらシールをはりましょう　または○をつけましょう

おやくそく	げつ	か	すい	もく	きん	ど	にち
おもちゃをおもちゃばこにしまいましょう（すでにやれていること）							
つみきをつみきばこにしまいましょう（もうちょっとでやれること）							
ほんをほんだなにしまいましょう（やってほしいこと）							

出所：図10－1と同じ。

図11－2　お約束表５――お片づけのためのお約束表２

おかたづけひょう

なまえ＿＿＿＿＿＿＿＿＿＿＿＿

いくつゆかのうえにのこっているかな？

げつ	か	すい	もく	きん	ど	にち
14	9	7				

出所：武田（2010：122）を一部修正。

本を半分に区切って責任の範囲を決めたり、競争をしたり、「わー、早い、早い」と言ってお片づけの応援をすることは、子どもにとって大きな励みになるでしょう。

五分経ったら、子どもと一緒に床の上に残っているものを一緒に数えて下さい。「今日は、六個だったね。明日は、もっと少なくできるといいね」と言って、子どもを誉めたり、励まして下さい。この時に、全部片づけられなかったといって、子どもを叱らないで下さい。たとえ前の日よりも残っている物の数が多くなってしまっても、絶対に叱らないようにして下さい。そんな時には「今日は一〇個も残ってしまったね。残念でした。明日、がんばろうね」と明日に向かって励まして下さい。さらりと言って下さい。少しの進歩を誉めていれば、やがて床の上のおもちゃの数は減りはじめます。

また、表にシールや○がついているのをお父さんに見せて、子どもが「何をやれたか」を説明して、お父さんに子どもを誉めてもらいましょう。お母さんだけでなく、お父さんからも誉めてもらえると、子どもは一層はりきってやるに違いありません。はじめは、子どもができるレベルから始めましょう。そして、少しできるようになってきたら、次第に要求水準を上げていって下さい。

6　ご飯を食べるのに時間がかかり過ぎる子どもには

子どもの中には、何をするにしても時間がかかり過ぎて困るという訴えをきくことがあります。こんな時には時間の経過を知らすお約束表（図10-2、一六九頁参照）を使うことが有効です。これまでに紹介してきたお約束表と同じようなアイディアですが、子どもがやっていることに何分かかっているかを伝える方法です。

時間の経過を示す箱の中にチェックをつけるとか、色を塗るとか、さまざまな方法で子どもに「どんどん時間が経っている」ということを伝えることによって、子どもが「やるべきこと」を早くするように助ける方法です。

また、前述の「時間がかかりすぎて困る」という話の中でも多いのが、ご飯を食べるのに時間がかかりすぎるという訴えです。その原因はいろいろあるでしょうが、よく聞いてみると、食べるのが遅い子どもの相当数が食事中にテレビをつけていて、テレビを見ながらご飯を食べていることがわかりました。テレビを見ながらですから、ご飯を食べることに集中できないのでしょう。ですから、子どもにご飯を一所懸命に食べさせるためには食事中はテレビを消しておくことをお勧めします。もう一つの問題は、食事中にテーブルから離れないようにすることです。テレビを見ないで、テーブルから離れなければ、ご飯を食べるスピードはずいぶん早くなるはずです。

そのためには、「食事中テレビを見ない」「食事中テーブルをはなれない」というお約束表を使うのも良い方法だと思います(図11-3)。

テーブルを離れないし、テレビもつけていないのに、食事の時間が長い子どもには、食事の時間の経過を知らせるお約束表を使うのもいいでしょう(図11-4参照)。子どもの中には、三分とか五分という時間の流れがよくわからない子どももいます。そんな子どもには、お母さんが子どもと「一つ、

図11－3　お約束表６――ご飯を食べるときのお約束表

おやくそくひょう

なまえ

できたらシールをはりましょう　または○をつけましょう

おやくそく	げつ	か	すい	もく	きん	ど	にち
ごはんをたべるときは いただきますという (すでにやれていること)							
おしょくじのときは テレビをけす (もうちょっとでやれること)							
おしょくじのときは テーブルをはなれない (やってほしいこと)							

出所：図10－１と同じ。

二つ」と勘定をして「何分」の代わりに一つの箱が六〇とか一二〇といった勘定した数を入れるのもいいでしょう。ただ、一つ、二つと数えていくのは、お母さんやお父さんの負担が大きくなると思います。ですから、はじめに親が「三分とか五分というのは、このくらいの長さよ」と言って、一から一八〇までを子どもと勘定してから、「三分間テーブルからはなれない」というお約束表を使うことが実際的だと思います。勿論、子どもがお食事を終えるまでの時間を三分とか五分ごとにチェックしていく方法も効果的です。

図11－4　お約束表７――食事中の時間の経過を示すお約束表

おやくそくひょう

もくひょう　　　　　　　　　　なまえ＿＿＿＿＿＿＿＿＿＿

(30) ぷん　てれびをみないでごはんをたべましょう
たべたじかんのいろをぬりましょう

じかん けいか	5ぷん	10ぷん	15ぷん	20ぷん	25ぷん	30ぷん	それい じょう	シール
げつ								
か								
すい								
もく								
きん								
ど								
にち								

出所：武田（2010：115）を一部修正。

7　時間との競争――お出かけのときにすぐに準備を

また、多くのお母さんやお父さんが困るのは、子どもが朝幼稚園や学校へ行く準備をするのに時間がかかりすぎる、どこかへお出かけする時にもなかなか用意ができないことも、時間がかかりすぎる事に関する困り事の一つです。

お出かけまでに、あるいは用意ができるまでに何分かかるかといった時間の問題に限りませんが、何か新しい試みをする前に、子どもがどんな状態かということをそっと観察しておくと、新しい試みが効果があったかどうかをチェックすることができると思います。お母さんが「□□に行きますから、行く用意しましょう」と言ってから、お家を出るまで何分ぐらいかかるかを、そっと計ってメモしておきましょう。数回観察したら、子どもがお出かけの準備にどのくらいかかるかがわかると思います。それを元にして何分ぐらい準備にかかるかがわかります。それを元にお出かけ準備のお約束表を作ることができます（図11-5参照）。

「○○君はいい子だけど、お母さんがお出かけしましょうと言ってから、なかなか用意ができない時があるでしょう。だからね、これからは『お出かけしましょう』と言ったら、お母さんが時間をはかるからね。『よーい、スタート』からお出かけの準備ができるまでを時間をはかって、△△分までに用意ができたら、この『お出かけ表』にシールを貼りましょう。△△分というのは、この長い針が

図11－5　お約束表８――お出かけ準備のお約束表

おでかけひょう

なまえ＿＿＿＿＿＿＿＿＿＿

できたらシールをはりましょう　または○をつけましょう

おやくそく	げつ	か	すい	もく	きん	ど	にち
おでかけのときは ひとりでくつをはく (すでにやれていること)	☺	☺	☺				
10ぷんでおでかけの よういをする (もうちょっとでやれること)	☺		☺				
おでかけのじかんを はかりましょう (やってほしいこと)	8	12	6				

出所：武田（2010：125）を一部修正。

ここからここまでくる間ですよ」と言い添えながら、お約束表を使うと効果があがるでしょう。

　また、一度、練習してみるのもいいでしょう。「ヨーイ、スタートでお出かけの用意をしましょう。『ヨーイ、スタート』わーすごい。△△分までに用意ができた。シールはお母さんが貼る？　それとも○○君が貼る？」と言って、大いに誉めるようなやり方も有効です。

　もし、時間内に準備ができなかった場合にも、「残念でした。時間がきてしまったね。この次、頑張りましょう」と言ってさらりと流しましょう。子どもを叱るよりも、やれたことを誉める方が長い目で見て効果があがります。お約束表にシールやマルがついていたら、お父さんも「用意が早くできてえらかったね」と誉めて下さい。

8　保育園へ行く

小学校や保育園に行くのを嫌がったり、怖がったりする子どもを無理に連れて行くと、たまに行けることもありますが、ほとんどの場合は逆に不安が強くなり、心の中に恐怖がこびりついてしまうことが少なくありません。ですから、無理をして連れて行こうとするよりも、少しずつ子どもが慣れるようにすることが大切だと思います。

小学校や保育園を怖がるあるいは怖がらないにかかわらず、初めて小学校や保育園に連れていく前に、機会を作って二〜三回その近所まで散歩するとか、行ってみることをお勧めします。もし歩いていける距離ならば遊びがてらぶらぶら一緒に行って下さい。ぶらぶら歩いて行く「ゆっくり」のスピードが本書で強調している「少しずつ」のペースとうまく合致しています。でも、途中で子どもが「怖い」とか「嫌だ」と言ったら、無理に連れて行こうとすると、「怖い」とか「嫌だ」という気持ちが心にこびりついてしまうことがあります。

前述したように、小学校や保育園に行くのを嫌がる子どもには、家から学校までの「すごろく」を作り、サイコロをころがして、学校に向かって少しずつ進んだり、振り出しに戻ったりしながら最終的に学校へ着くというゲームをすることがあります。実際の場面ではありませんが、心の中で子ども

図11－6　お約束表９――ボーナスのシールを使ったお約束表

おやくそくひょう

なまえ＿＿＿＿＿＿＿＿＿＿

きまったばしょにおけたらシールをはりましょう

おやくそく	げつ	か	すい	もく	きん	ど	にち
ようちえんの かばん （すでにやれていること）							
ようちえんの せいふく （もうちょっとでやれること）							
ようちえんの すいとう （やってほしいこと）							
３つともできた！							

出所：図10‐１と同じ。

は「すごろく」の中の隣の家とか、学校までの途中にある消防署であるとか、実際の建物や場面を思い浮かべているのです。頭の中で浮かべるイメージは、やがて実際の場面に近づいてゆき、不安を少しずつ克服していっているのです。

もちろん、イメージの中であっても、今まで不安を感じたものに対して不安を感じないで平気になるには時間がかかります。「すごろく」のようなお遊びであっても、怖い物への不安は現実のものとそう変わらないということを頭に入れて置いて下さい。ゲームの中で少しずつ馴らしていきましょう。場合によっては、「すごろく」の中の小学校や保育園であっても実際の場面と同じくらいの恐怖を感ずることもあります。そういう時には、無理に小学校や保育園まで「すごろく」の中で行こうとしないで、途中の消防署や橋まで行って、家へ帰りましょう。少しずつが本書でお勧めしている方針でしたね。無理をしないでゆっくりと進みましょう。

9　家の中の決まりを守る

幼い子どもは小学校や保育園から帰ってくると、家の中での遊びに夢中になり、学校へ行く時の服を着替えたり、カバンや水筒を決まった場所に置くのを忘れたりします。こんな時にも、お約束表を使って何をどこに置いて欲しいかを子どもにはっきりと伝えましょう（図11-6参照）。その際には、次のような働きかけが有効だと思われます。

「○○ちゃん、幼稚園から帰ってきたらね、幼稚園の制服とカバンと水筒を決まったところに置いてほしいの。いいですか。制服と、カバンと、水筒ですよ。三つとも決まったところにおけたらシールが三つになるでしょう。そうしたら一番下に金色のシールをもう一枚貼りましょう」。

お母さんが○を付けているならば、三つともやれたらそれぞれの○を二重マル◎にしてもいいですね。時々こうしたボーナス的なことをすると、子どもは喜びますし、やる気が出てきます。

10　困ったことをしていないことを誉める

泣いたりぐずったりする、指しゃぶりをする、兄弟げんかをするといったことをはじめ、子どもは親の希望に沿わないようなことをよくやります。ところが私たち親は、子どもが困ったことをした時にはすぐに叱りますし、また子どもが困ったことをした時に「○○をしなさい」と命令はするのですが、子どもが親から言われた通りのことをやっても、それを誉めることはあまりありません。親が命令したのだからやって当たり前という気持ちがあるのでしょう。

また、悪いことをした時には「○○をしたら駄目じゃないか」と叱りますが、○○の代わりに何をしてほしいかを具体的に言っていないことが多いのではないでしょうか？　ですから、子どもは叱られたけれども、悪いことを止めたけど、その代わりに何をしたらいいのかわからない場合すらあると思います。

ですから、お母さんとお父さんは面倒ですが、叱るだけでなく、何をどうしてほしいかを言って下さい。そして、子どもがそれをちょっとでもやったら、すぐに誉めて下さい。まだ、やれていなくてもやろうとしたら、それを「○○君は、お手々を洗いに洗面所に向かっている、えらいね」といった感じです。

指しゃぶりや爪かみは習慣のようになってしまって、本人もあまり気がつかない間に指をしゃぶり爪をかんでいるのです。こうして、自分でも気がついていない間に起こしている行為や行動を止めるのは、非常に難しいことです。

もちろん、「指しゃぶり」や「爪かみ」を「止めなさい」と注意することは結構です。それと、同時に、子どもが指しゃぶりをしていない時に、爪かみをしていない時に、「あ、○○ちゃん、指をしゃぶっていない。えらいね」「△△君、爪かみをしていない。えらいね」と困った行動を「やっていない」ことを誉めて下さい。効果は少しずつですが、現れてくると思います。

親は子ども達が兄弟げんかをしている時に叱ります。それは当然のことです。でも、兄弟げんかをしていないときに、仲良くしている時に、あるいは仲良くしていなくても「けんか」をしていない時に、「○○君と△△君はけんかをしていない。お母さんうれしい」と言って誉めることはなかなかしません。でも、けんかをしていない時間が増えれば、けんかをしている時間は次第に短くなっていくに違いありません。

11　怖いことへの挑戦

だれでも怖いと感じるものがあります。高いところへ上るのが怖いと言う人、ゴキブリとか蜘蛛といった小さな生き物が怖い人、初めての人に会うのが恥ずかしい人、大勢の人の前で話しをするのが怖い人と不安の対象を探しはじめると無数にあります。誰でも、嫌なものや怖いと感じるものをもっています。それは、恥ずかしいことでもなんでもありません。でに、怖がっている当人にすれば、なぜか自分でもその理由はわからないのですが、とにかく怖いのです。

自分が怖くないからといって子どもが怖いという気持ちを笑ったり、からかったり、軽んじたりするのは慎みたいものです。子どもの恐怖をあるがままに受け入れてあげましょう。自分が怖いと思っていることを非難されず、辱めを受けず、あるがままに受け入れてもらえることを、子どもはどんなに嬉しいと感ずることでしょう。子どもはそうした気持ちをあからさまに表現しないだろうと思います。しかし、心の中では安堵の気持ちを味わっているに違いありません。

昔、子どものキャンプのリーダーをしていた時に、子どもの中には海に入るのが怖いという子どもが大勢いました。水泳の時間になると、頭が痛くなったり、お腹がしくしくしてきたりするのです。それは仮病でもなんでもなく、実際に痛かったり、気分が悪くなるほどの苦しみだったでしょうし恐怖だったのだと思います。

そうした子どもは水泳の時間に海岸で釣りをしました。はじめは海岸から釣り竿の糸の先についている釣り針に餌をつけて海に投げ込んでいました。しかし、それでは余り沖の方まで釣り針は届きません。子ども達は次第に波が寄せてくる海辺に行って、遠くまで釣り針を投げ込むようになってきました。翌日、波打ち際で砂でお城を作りました。お城の周りにお堀を作って水を入れました。お城の中にトンネルを掘り始めたら、お城はぐちゃぐちゃにこわれてしまいました。作っていた子どもたちも砂だらけになったので、岸辺の水で足や手についた砂を洗い落としました。

こうして、子どもたちは毎日少しずつ海の水に触れることを楽しみながら、徐々に海の中に入っていき、膝ぐらいの深さの所ならば鬼ごっこをしたり、水の掛け合いができるようになっていきました。まさに、少しずつ水に親しみ始めたのです。こうして一週間のキャンプが終わる頃、子どもたちは腰当たりまでならば、海につかっていることができるようになったのです。

楽しい雰囲気と少しずつ少しずつ近づくという二つの要素が、子どもたちの不安を和らげたに違いありません。幼い子どもにとって、この世の中には怖いもの、不安の材料が沢山あります。それをあまりにも性急に子どもにぶつけると、大人が考える以上に大きな衝撃を子どもに与えてしまうことがあります。子どもが耐えられる程度に、安全な範囲で、冒険に挑戦させることも必要でしょう。しかし、一般的には、安全第一、少しずつをモットーとしていきたいものです。

第12章　里親になるのも「少しずつ」

1　里親だってイライラすることがあります

読者の皆さんの中に里親になろうと決心したり、そう思われている人はいるでしょう。それぞれ理由があると思います。いろいろな研修会で講義を聴き、さまざまな資料を読んだことと思います。また、実際に里親になった人は、面接を受け、研修や実習をし、少しずつ子どもになれ、一緒に住むようになりました。里子も実子も同じように世話をし、可愛がっていることでしょう。でも、育児は大変なお仕事です。親であることは疲れます。肉体的にも、気持ちの上でも、「もう、嫌になった」「勘弁してよ」と逃げ出したいような気持ちになる時だってあるでしょう。泣き出したいこともあるに違いありません。それはあなただけではありません。世界中の里親さん、いや世界中のお母さんとお父さんが経験する気持ちだと思います。

私たちは子どもが困ったことをしたり悪いことをすると、あわててしまいます。緊張します。でも、それは誰だって経験する当たり前の反応なのです。あわてると、いつもならば平気なことでも腹が立ちます。子どものちょっとした困った行動であっても、冷静に対応することができなくなります。そして、叱ったり、なじったりして、後になって「どうして、あんなことを言ってしまったのだろう」と後悔するのです。

こんな時に、大勢のお母さんやお父さんが、「かっとなって、思わず、腹を立ててしまいました」「子どもになめられているような気がしたのです」「頭の中が真っ白になってしまいました」と言われます。

どんな場合にも「自信をもって」「冷静に」「落ちついて」とは、まさに「言うはやすく行うはかたし」です。子どもが親に反抗し、言うことをきかなかった時に、お母さんもお父さんも「子どもになめられた」と思うのは無理もないことです。あるいは、自分は母親として父親として失格なのではないだろうかと心配になってくることだってあるかもしれませんね。うまく子どもを育てることができるのだろうかという心配が生じてきます。そして、それが心の負担になります。

こうした不安を自分で押さえる力を、自分の中につけることができたらいいですね。お母さんもお父さんもそんなことは無理だといわれるかもしれません。でも、できるのです。

まず、第10章で紹介したリラクセーション法をやってみましょう。まず、椅子にゆったり座って、両手を五秒間固く握りましょう。それからゆっくり力を抜いて、二〇秒間そのままリラックスしましょう。それから、もう一回同じ動きをやりましょう。こうして、緊張とリラックスを二回ずつ繰り返しながら、全身の動きをやって下さい。きっと、心が落ち着きますし、体も楽になったような気がすると思います。これを、毎日寝る前にやると、全部の運動をしないでも最初のいくつかをやっただけでリラックスした状態に心も身体ももってゆけるようになると思います。身体のリラックスは心のリラックスにつながります。

頭にきているのに、腹を立てているのに、「腹を立てていない！」と怒りを否定していることはありませんか？　自分の気持ちをごまかしていると、やがて怒りが爆発します。ですから、自分の怒りの早期発見と早期治療をしましょう。腹が立ったら、子どものいる場所から離れましょう。子どもを見ていると腹が立ち、怒りが爆発するような時には深呼吸をしましょう。それでも、腹が立ったらリラクセーション法です。

2　自分に正直に

子どもがミスをした時、親は腹が立ちます。「どうしてこんなやさしいことが、できないのよ」という考えが頭をよこぎります。でも、親にとっては簡単なことですが、子どもにとっては、けっこう難しいこと、大きすぎること、長すぎること、複雑なことをやらせていないでしょうか？　また、急いだり早くやろうとしすぎると、もたついたり、まちがったり、かえって時間がかかり、失敗につながります。全体をいくつかに区切って、部分ごとにやりましょう。小さく区切れば、その一つひとつは、そんなに難しくなくなると思います。

子育てでは、頭にくることだっていっぱいあります。怒りが込み上げてくると、どんなに可愛い子どもでも腹が立ちます。寝る時間になったので、「○○君、もう寝る時間ですよ」と言うと、「まだ、寝たくないもん」とか「うるさいな」と言ったりします。時には、親にむかって「死んでしまえ！」とか信じられないような悪いことを言ったりします。そんな時には、親だって腹が立ちます。子どもを叩きたくなります。そんな時には、深呼吸をしましょう。椅子に座ってリラクセーションをしましょう。

リラクセーション法が有効なのは親だけではありません。子どもだって深呼吸はできますし、手をぎゅっと握るとか、目をかたくつむるといったことはできます。子どもが興奮して、反抗的になったら、親と子が一緒になって、簡単なリラクセーション法をやってみましょう。「○○ちゃん、お互いに興奮してしまったから、深呼吸をしましょう」と言って、お母さんが子どもと一緒に深呼吸をしてみましょう。きっと、子どもの興奮は少し静まってくると思います。

3　子どもの気持ちを傷つけないで親の意見を伝えましょう

子どもが困ったことをした時に、子どもの気持ちを傷つけないで、お母さんもお父さんも子どもに「何を、どうやってほしいか」を「はっきり」と伝えることができるといいですね。

親の中には、相手が子どもであっても気を使いすぎて、自分の思っていることや感じていることが言えずに、そのことを「どうして子どもに言えないのだろう」と自己嫌悪に陥る人もいます。一方、子どもにすぐ手を挙げるとか、必要以上に厳しいことを言って、子どもを泣かしてしまったりする親もいます。それでいて、後になって、あんなことを言わなければよかったのにと後悔することも少なくありません。

最初の親は、自分の気持ちや考え方を相手に言うことができない「消極型」の人です。こうした人は、子どもの気持ちを傷つけないで、しかも自分の気持ちとか相手にやってほしいことを伝えることができるようになれるといいですね。

このことは、そんなに難しいことではないと思います。大抵のお母さんやお父さんは、この箇所をお読みになれば実行していただけると思います。しかし、子どもに「お兄ちゃん、妹をからかうのは止めなさい」ときっぱりと言えない人は、「お兄ちゃん、妹をからかうのは止めなさい」と紙に書いて、それを何度も声を出して読んで下さい。きっと、自然にその言葉を言えるようになります。自然に言えるようになったら、次にそれを実際に子どもに向かって言ってみましょう。まず、子どもに近づき、子どもの目を見て下さい。小さな声でボソボソ言うとか、聞きとれないような小さな声で話したのでは効果はありません。また、反対に、怒鳴ったり叫んだりするのも逆効果です。つまり、子どもが泣いたり、わめいたり、ふくれたりして、かえって事態を悪くしてしまいます。

4　里親という夫婦

結婚しても子どもが生まれるまでは、あるいは里子を預かるまでは、新婚時代の延長みたいなものだったかもしれません。共働きをしている夫婦ならば、「今晩は○○で待ち合わせてご飯をたべましょう」と言って、夫婦でデートをすることもできました。子どもがいない時は時間的な余裕がありました。家事をすませたら、友だちと買いものに出かけたりする時もあったでしょう。

でも、子どもを預かり里親になるとそうはいきません。場合によると里子を預かったのを機会に仕事をやめたお母さんもいるかもしれません。仕事をやめると収入がなくなります。働いていた時は、自分の給料で自分にちょっと贅沢なプレゼントをしたり、両親のお誕生日に贈り物をしていたのですが、少しばかり予算がタイトになりました。

自分で望んで子どもを預かったのですが、いざ預かってみると、子どもの負担は実に大きいですね。なかなか新しい親に、家族に、場所に馴じんでくれません。親をテストしているかのように、次から次へといろんなことをやります。いくら自分たち夫婦が望んだことだといっても、「こんなに大変なことだとは思わなかった」という後悔もする時があるでしょう。

また、親は自分の心の中に怒りがこみ上げてきたら、自分を冷静に保つことが必要です。自分の中にある怒り、心配、当惑、落胆といった気持ちを子どもの気持ちを傷つけることなく、相手に伝えたいですね。「○○ちゃん、お母さんは○○ちゃんの帰りが遅いと、とても心配なのよ」といった具合に、親は自分の気持ちを子どもに伝えることができるといいですね。

親が子どもに注意するときには、誰もいないところで話す方がいいようです。家族のいるところで注意をすると、子どもも家族の目を意識して「見栄」をはって怒ったり、泣いたりするでしょうから本音で話しにくいことが多いと思います。親と子が話し合う前に二人でリラクセーションの深呼吸をするのもいいでしょう。

5 親になること

里親になるということは大変なことだと思います。里親さんには実子がいない人もいるかと思います。初めて子どもを預かるというのは、緊張というより不安かもしれませんね。家庭養護促進協会で面接を受け、いろいろなことを聞かれ、研修会に行き、何度も面会に行き、我が家に預かる子どもの候補者に来てもらい、やっと子どもを我が家に引き取ったのです。

ところが一泊や二泊の短期間の滞在と違い、最終的に我が家に来た子どもは泣くし、騒ぐし、これでもかこれでもかと困らせることをして里親を試します。もう嫌だ、この子どもとはやっていけないと思って、「もうお返しします」とソーシャルワーカーに言おうと思ったこともあるのではないでしょうか？

大変なのはお父さんだけではありません。お父さんもずいぶんとお母さんを助けないといけなくなりました。今までは全部妻に頼んでいたことを、子どもがくると自分でやらなければいけなくなったかもしれませんね。これまで夫婦だけで、少し妻に依存的だった習慣をあきらめるとか、少なくても変えないといけなくなりました。自分たちが選択した道ですが、いざ始まってみると「こんなことは思わなかった」「これは大変だ」ということの連続だと思います。これまで妻に頼って「何もしない夫だった」方が、自分のことは自分でしないといけなくなった場合もあるのではないでしょうか？

妻をもう自分だけが独り占めすることはできません。それどころか、お母さんになって、子どもにかかりきりです。たしかに里親になることに賛成しました。研修会にも行きました。講義を聴き、いろいろ実習もし、体験を積みました。でも、いざ最終的に子どもが来て、我が家にずっと住むようになると、今までとはずいぶん違うのです。疲れます。とにかく、大変です。人間は疲れると不機嫌になります。不愉快になります。日本の男性は妻になんでもやってもらうタイプが多いようです。その妻が子どもの世話で忙しくなったのですから、淋しいですね。時には、がっくりきたり、腹が立ったり、そこまでゆかなくても何となく淋しいような、面白くないないといった気持ちになるのではないでしょうか？

完璧な人なんかいないように、完璧な夫婦なんてありません。良いところ、強いところもあれは、弱いところがあるのは当然です。子どもを持つ楽しみ、喜び、嬉しさ、不安、あせり、プラスの気持ち、マイナスの気持ち、多くのことを感じまた経験しながら、だんだん夫は父親に、妻は母親になっていくのだと思います。お父さんの中には、忙しいから、男だから、疲れたから、子どもの世話をお母さんに押しつける人もいるかもしれません。そんなお父さんだったら、お母さんはちょっと淋しいでしょうね。そんな時には、ほんの少しの間、お父さんに子どもを見てもらいましょう。お母さんがお風呂に入っている時、料理を作っている間、お掃除の時などです。ごく短い間だったならば、お父さんも手伝ってくれるだろうと思います。子育てのように、父親になるのも少しずつです。

子どもに愛情を注ごうと思えば、まずお母さんとお父さんがお互いへの愛情を育てて下さい。お母さんが子どもを愛することができるのは、お父さんが後ろについていて、お母さんを見守り、支えているからです。お父さんが子どもを可愛がることができるのは、お母さんがお父さんを愛しているからです。

こうした夫婦の間の愛情が、育児には一番大切なのではないでしょうか？　夫婦の間の愛情は小さな思いやり、さりげない親切、ちょっとした好意とその表現から始まると思います。夫と妻の間の関係は、いつも平和で、暖かい時ばかりではありません。風が吹く日も、雨の日も、日照りの時もあるでしょう。そんな時に、ちょっと風をさえぎって下さい。さりげなく傘をさして下さい。ほんのちょっとした「いたわり」と好意が、やがて大きな愛情に育っていくのだと思います。

本書では、子どもに良いことをさせるのに、お約束表を使うことを提案しました。この表を上手に使うために、お母さんはお父さんに子どもがどんなことをしたら○を付けたりシールを貼っているかを説明し、それを見たらお父さんに子どもを誉めることをお願いして下さい。お父さんが誉めると、お約束表の効果がとても大きくなることを説明しましょう。そして、お父さんがお約束表を見て子どもを誉めたら、お母さんはお父さんにお礼を言って下さい。「あなたが誉めると、子どもはとっても喜んでやるの」「あなたが誉めるとお約束表の効果がとても大きくなるの」と言って、なぜお父さんが誉めることが大切かを言って下さい。感謝して下さい。お父さんが誉めたことに、お母さんが笑顔を見せる時に、夫婦の間に大切な会話が始まっているのです。夫婦の間の話し合い、それが幸せな家庭を築くのだと思います。

あとがき

今から三〇年以上も前の話です。著者たち二人は毎月神戸市児童相談所の「子育て勉強会」に出席していました。著者の一人がミシガン大学の社会福祉大学院の先生たちがやっている子育て相談を持ち帰り、それを神戸でどうやって実践するかを話し合っていたのです。そこで沢山のことを勉強しました。そして、そのことを長い間それぞれの職場で実践してきました。

米沢は家庭養護促進協会のケースワーカーとして数多くの子どもたちの養育を里親に委ね、また養子縁組の支援もしてきました。武田は関西学院大学の社会福祉の教員として、またさまざまな学内の仕事をした後、関西福祉科学大学に移りました。そこで授業のかたわら、附属幼稚園の子どもとそのお母さんの子育て勉強会を開催して、多くのお母さんの相談と指導を経験してきました。そして、自分たちの経験をこうした形で出版しようと思う時が来たのです。

米沢が担当した第4章までは里親の働きなどについて書いたものです。武田が担当した第5章以下は子育てのための手引きといってもよいでしょう。嬉しい時、困った時、悲しい時、腹が立った時に、本書を開いて下さい。きっと勇気が湧いてくるに違いありません。

本書の出版にあたっては、ミネルヴァ書房の音田潔さんに大変お世話になりました。また、多くの里親さんからいろいろな子育ての経験や智恵を学ばせていただきました。本当にありがとうございます。なお、お約束表は増田香織さんが、挿絵は武田寿子さんが描いて下さいました。心からお礼申しあげます。

二〇一四年一〇月

武田　建
米沢普子

参考文献

・第1章〜第4章

家庭養護促進協会神戸事務所機関紙「はーもにい」。

家庭養護促進協会（一九九八）「養親希望者に対する意識調査」。

家庭養護促進協会（二〇一四）「ケースワーカーと学ぶ里親養育の基礎知識」。

厚生労働省雇用均等児童家庭局（二〇〇九）「児童養護施設入所児童等調査結果の要点」。

シャルマン、デー作／もとしたいずみ訳（一九九六）『おとうとがやってきた』偕成社。

Ryan, T. & Walker, R. (1985) *MAKING Life Story Books*, BAAF.

Ryan, T. & Walker, R. (2007) *Life Story Work : A practical guide to helping children understand their past*, BAAF.

・第5章〜第12章

あらかわ菜美（二〇〇七）『頭のいい子にそだつ4歳からのおかたづけ』すばる舎。

河野俊一（二〇一三）『こどもの困った行動がみるみる直るゴールデンルール』新潮社。

黒田実郎（一九七〇）「条件づけによる幼児の行動変容に関する実験研究」関西学院大学博士論文。

シンシア、ウィッタム／上林靖子ほか訳（二〇〇二）『読んで学べるＡＤＨＤのペアレントトレーニング――むずかしい子にやさしい子育て』明石書店。

詫摩武俊（一九八九）『子どもをのばす上手なほめ方叱り方』ＰＨＰ研究所。

武田　建（一九九七）『最新コーチング読本』ベースボールマガジン社。

武田　建（二〇〇七）『武田建のコーチングの心理学』創元社。

武田　建（二〇一〇）『やる気を育てる子育てコーチング――親子で楽しむ「お約束表」の作り方』創元社。

親野智可等（二〇〇六）『叱らないしつけ――子どもがグングン成長する親になる本』ＰＨＰ研究所。

野口啓示（二〇〇九）『むずかしい子をそだてるペアレントトレーニング』明石書店。

野口啓示（二〇一二）『むずかしい子を育てるコモンセンス・ペアレンティング・ワークブック』明石書店。

パターソン、ジェラルド・Ｒ／大渕憲一訳（一九八七）『家族変容の技法を学ぶ』川島書店。

平井信義（一九九一）『子どもを叱る前に読む本』ＰＨＰ研究所。

依田　明（一九八九）『お母さんの役割・お父さんの役割――心すこやかに育てるには』ＰＨＰ研究所。

渡辺弥生（二〇〇五）『親子のためのソーシャルスキル』サイエンス社。

ま 行

や 行

ら・わ行

た　行

な　行

は　行

索　引

あ 行

か 行

さ 行

著者紹介

武田　建（たけだ・けん）**第5章〜第12章**

1962年　ミシガン州立大学大学院カウンセリング心理学専攻修了（Ph.D.）。
現　在　関西学院大学名誉教授。
主　著　『親と子の行動ケースワーク』（共著）ミネルヴァ書房，1981年。
『人間関係をよくするカウンセリング』誠信書房，2004年。
『武田建のコーチングの心理学』創元社，2007年，等著書多数。

米沢普子（よねざわ・ひろこ）**第1章〜第4章**

1967年　関西学院大学社会学部卒業。
現　在　家庭養護促進協会主任ケースワーカー。
主　著　『愛の手を探して』エピック，1993年。
『里親が知っておきたい36の知識』（共著）家庭養護促進協会神戸事務所，2004年。

里親のためのペアレントトレーニング

2014年10月30日　初版第1刷発行　〈検印省略〉

定価はカバーに
表示しています

著　者　武田　建
　　　　米沢普子
発行者　杉田啓三
印刷者　中村知史

発行所　株式会社　ミネルヴァ書房

607-8494 京都市山科区日ノ岡堤谷町1
電話代表　(075) 581-5191
振替口座　01020-0 8076

中村印刷・清水製本

ISBN978-4-623-07197-5

Printed in Japan